프락티코스

ÉVAGRE LE PONTIQUE

TRAITÉ PRATIQUE OU LE MOINE

Copyright © 1971 Les Éditions du Cerf
29, Bd de Latour-Maubourg 75015 Paris
All rights reserved

Translated with notes by Song-Sok Ho, OSB
Korean Translation Copyright © 2011 Benedict Press, Waegkwan, Korea
Korean translation edition is published by arrangement with
Les Éditions du Cerf
Paris, France

프락티코스

2011년 3월 초판 | 2019년 12월 4쇄
옮긴이 · 허성석 | 펴낸이 · 박현동
펴낸곳 · 성 베네딕도회 왜관수도원 ⓒ 분도출판사
찍은곳 · 분도인쇄소
등록 · 1962년 5월 7일 라15호
04606 서울 중구 장충단로 188(분도출판사 편집부)
39889 경북 칠곡군 왜관읍 관문로 61(분도인쇄소)
분도출판사 · 전화 02-2266-3605 · 팩스 02-2271-3605
분도인쇄소 · 전화 054-970-2400 · 팩스 054-971-0179
www.bundobook.co.kr
ISBN 978-89-419-1104-3 03230

이 책의 한국어판 저작권은
Les Éditions du Cerf와 독점 계약한 분도출판사에 있습니다.
저작권법에 의해 한국 내에서 보호를 받는 저작물이므로
무단 전재와 무단 복제를 금합니다.

에바그리우스 폰티쿠스

수행생활에 관한 가르침
프락티코스

허성석 역주·해제

분도출판사

【일러두기】

1. 성경 인용문은 『성경』(한국 천주교 주교회의 2005)을 따르되 드물게 문맥에 따라 조금씩 다듬었다.
2. 교부 시대 인명·지명은 원칙적으로 『교부학 인명·지명 용례집』(하성수 엮음, 분도출판사 2008)을 따른다. 다만, '폰투스의 에바그리우스'는 역자의 뜻에 따라 '에바그리우스 폰티쿠스'로 표기했다.

역자의 말

에바그리우스 폰티쿠스Evagrius Ponticus(345~399)는 우리에게 많이 낯선 인물이다. 우리 가운데 대부분은 그를 고대 수도 교부들 가운데 한 분으로만 알고 있을 것이다. 사실 에바그리우스가 그리스도교 영성에서 차지하는 위치와 비중에 대해 아는 사람은 그리 많지 않다. 그를 소개하는 우리말 자료가 대단히 미비한 탓이다. 최근 안셀름 그륀Anselm Grün 신부의 에바그리우스에 관한 몇몇 책이 우리말로 번역되어, 단편적이나마 소개되고 알려지게 된 것은 다행한 일이다. 하지만 에바그리우스에 대한 종합적인 정보를 제공해 주는 데는 한계가 있다. 그리스도교 영성, 특히 수도승 영성의 뿌리를 알기 위해서는 그를 간과할 수 없다. 이 분야에서 그의 영향력과 중요성은 그만큼 크다.

4세기 이집트 켈리아[1]의 수도승 에바그리우스는 위대한 신비가이자 탁월한 신학자다. 그는 그리스도교 수도승생활의 전성기였던 4세기에 동방 수도승 영성을 학문적으로 체계화시키고 심화시켰다. 영성생활에 관한 그의 가르침은 수도승 전통 안에 튼튼하고 비옥한 토대를 마련했고 이후 그리스도교 영성 발전에도 지대한 공헌을 했다.

고대 교부들의 주된 관심과 가르침의 핵심은 늘 하느님께 나아가는 내적 생활 혹은 영적 생활의 진보였다. 에바그리우스도 방대한 저술을 통해 이를 가르쳤다. '어떻게 내적 생활 혹은 영적 생활로 나아갈 수 있는가?' 바로 이 물음이 그의 전 삶을 지배한 화두였다.

에바그리우스는 영성생활을 프락티케*praktiké*와 그노스티케*gnostiké*로 구분했다. 후자는 다시 퓌시케*physiké*와 테올로기케*theologiké*로 구분된다.[2] 에바그리우스에

---

[1] 켈리아(Kellia)는 4세기 이집트의 수도승생활 중심지 가운데 하나였다. 첼레(Celle)라고도 하는데, 이는 '암자들'이란 뜻이다.

[2] 일반적으로 '프락티케'는 '수행', '그노스티케'는 '관상' 혹은 '인식', '퓌시케'는 '자연(피조물)에 대한 인식', 그리고 '테올로기케'는 '하느님에 대한 인식'으로 알아들을 수 있다. 그러나 우리말로는 이 용어들이 담고 있는 고유한 의미를 제대로 드러내는 데 한계가 있기 때문에, 여기서는 가능한 한 그리스어 전문 용어들을 그냥 우리말로 음역해서 사용할 것이다.

게 '그노스티케'는 '프락티케'를 통해서 가능하다. 따라서 영성생활은 '프락티케'를 통해서 '그노스티케'로 나아가는 과정이라 하겠다. 말하자면 '수행'을 통해 '관상'으로 나아가는 과정인 것이다. 수도승 전통에서 이런 견해는 고전적 가르침이다.

『프락티코스』Praktikos는 영성생활의 한 부분인 '프락티케'를 구체적으로 다룬 작품이다. 우리에게는 다소 낯설지만, 이 작품은 수행생활[3]에 관한 에바그리우스의 주요 가르침을 담은 대표작이다. 여기서 그는 우리가 어떻게 내적 혹은 영적 전투에서 승리할 수 있는지, 이에 대한 지혜로운 가르침을 제시한다. 특히 '여덟 가지 악한 생각'을 분석하고, 이를 물리치는 지혜로운 방법을 제시한다. 이 가르침은 모두 그의 개인적 체험과 깊은 통찰에서 나온 지혜의 산물이다.

이 작품은 100개의 독립 단장短章 혹은 경구警句로 구성되어 있다. 언뜻 보기에 상호 연관성이 없어 이해하기 쉽지 않다. 그러나 자세히 보면 작품 전체가 저자의 의도하에 하나의 흐름을 이루고 있음을 알 수 있다. 그럼에도 에바그리우스의 사상에 대한 어느 정도의 전前이해 없이 본문 자체만 가지고 그의 가르침을 충분히

---

[3] '수행생활'은 곧 '수덕생활' 혹은 '금욕생활'을 뜻한다.

파악하기는 힘들 것이다. 그의 가르침 자체가 너무 심오하고 함축적인 언어로 표현되어 있기 때문이다. 그래서 본문 이해를 돕기 위해 각 장마다 주해를 달고, 해제를 통해 에바그리우스의 생애와 작품, 사상 등에 대한 전반적인 이해를 돕고자 했다. 번역과 주해에는 SC 171[4]을 주 대본으로 삼았으나, 부분적으로는 이탈리아어판과 영어판 텍스트[5]도 참고했다. 해제를 위해서는 SC 170과 다른 자료들도[6] 참고했다.

그리스도교 영성 전통에 감추어진 보화를 캐는 작업은 참으로 뜻 깊은 일이 아닐 수 없다. 그것은 질그릇 속에 감추어진 보화를 발견하는 일과 같다. 역자의 작은 노력으로 같은 영적 여정을 걷고 있는 모든 벗이 이 보화를 접하여, 자신의 영적 투쟁에 조금이나마 도움되기를 바라는 마음 간절하다. 바로 이것이 이 작품을

---

[4] ÉVAGRE LE PONTIQUE, *Traité Pratique ou le Moine* II, Trad., Comment., Tables, Antoine GUILLAUMONT et Claire GUILLAUMONT, Sources Chrétiennes 171, Paris: Cerf 1971.

[5] EVAGRIO PONTICO, *Per conoscere lui*, Int., Trad., Not., Paolo BETTIOLO, Edizioni Qiqajon 1996, 89-108; EVAGRIUS PONTICUS, *The Praktikos/Chapters on Prayer*, Trad., Intro., Notes, John Eudes BAMBERGER, Cistercian Studies Series 4, Massachusetts/Spencer 1970, 12-42.

[6] ÉVAGRE LE PONTIQUE, *Traité Pratique ou le Moine* I, Intro. Antoine GUILLAUMONT et Claire GUILLAUMONT, Sources Chrétiennes 170, Paris: Cerf 1971; Jeremy DRISCOLL, *The 'Ad Monachos' of Evagrius Ponticus*, Studia Anselmiana 104, Roma 1991, 5-18; 허성석 엮음 『수도 영성의 기원』 분도출판사 2015, 129-51.

번역한 주된 동기이기도 하다. 이 책을 통해 좀 더 많은 사람이 내적 생활에 관한 에바그리우스의 지혜로운 가르침을 접할 수 있기 바란다.

2011년 3월
성 베네딕도회 화순 수도원에서
허성석 로무알도 신부

ΕΥΑΓΡΙΟΥ
ΜΟΝΑΧΟΥ

역자의 말 _ 5
약어표 _ 12

해제 _ 13

1. 에바그리우스의 생애 _ 13
2. 에바그리우스의 작품 _ 19
3. 에바그리우스의 핵심 사상 _ 33

   3.1. 이성적 존재 _ 33

      3.1.1. 정신의 원창조 _ 33
      3.1.2. 영혼과 육체로 된 정신 _ 34

   3.2. 영혼의 세 부분 _ 34

   3.3. 영성생활의 두 측면 _ 36

   3.4. 인식의 여러 차원 _ 37

4. 에바그리우스의 영향 _ 38
5. 『프락티코스』의 구성 _ 40
6. 『프락티코스』의 가르침 _ 44

   6.1. 프락티케의 정의 _ 44

   6.2. 여덟 가지 생각과 그 순서 _ 47

   6.3. 악령 _ 49

   6.4. 아파테이아 _ 52

ΤΟΥ ΑΥΤΟΥ
ΛΟΓΟΣ
ΠΡΑΚΤΙΚΟΣ

본문 _ 55
  I. 머리말 _ 57
  II. 수행론 100장 _ 63
     1. 여덟 가지 생각 _ 65
     2. 치료법 _ 71
     3. 욕정 _ 79
     4. 악령론 _ 82
     5. 수면 중에 일어나는 일 _ 92
     6. 아파테이아에 근접한 상태 _ 94
     7. 아파테이아의 징조 _ 98
     8. 실천적 고려 _ 100
     9. 교부들의 금언 _ 110
  III. 맺음말 _ 117

     참고문헌 _ 119

【약어표】

AM	*Ad Monachos*(『수도승을 위한 권고』)
AP	*Apophthegmata Patrum*(『사막 교부들의 금언집』)
CS	*Cistercian Studies Series*
GN	*Gnostikos*(『그노스티코스』)
HL	*Historia Lausiaca*(『라우수스의 역사』)
HM	*Historia Monachorum*(『이집트 수도승들의 역사』)
KG	*Kephalaia Gnostica*(『케팔라이아 그노스티카』)
PG	*Patrologia Graeca*(『그리스 교부 총서』)
PL	*Patrologia Latina*(『라틴 교부 총서』)
PO	*Patrologia Orientalis*(『동방 교부 총서』)
PT	*Praktikos*(『프락티코스』)
SC	*Sources Chrétiennes*(『그리스도교 원전』)

ΤΟΥ ΑΥΤΟΥ ΛΟΓΟΣ ΠΡΑΚΤΙΚΟΣ

해제

1. 에바그리우스의 생애

에바그리우스의 생애[7]에 대해서 알 수 있는 유일한 원전은 그의 제자 팔라디우스가 쓴 『라우수스의 역사』[8]

---

[7] 참조: Palladio, *La Storia Lausiaca*, Intro. C. Mohrmann, Trad. M. Barchiesi, Testo critico e commento G.J.M. Bartelink, Fondazione Lorenzo Valla 1990, 193-203; Evagrio Pontico, *Per conoscere lui*, 89-108; *SC* 170, 21-8; 허성석 엮음 『수도 영성의 기원』 131-3.

[8] 팔라디우스(Palladius)는 363년 소아시아의 갈라티아(Galatia)에서 태어나 423년경 사망했다. 386년에 예루살렘의 올리브 산에서 수도승이 되었고, 388년에 이집트를 방문하여 니트리아(Nitria)에서 2년을 지낸 후 391년에 켈리아로 갔다. 그의 증언에 따르면, 알렉산드리아의 마카리우스의 제자였는데, 마카리우스가 죽은 후에 에바그리우스의 제자가 되었다고 한다. 그는 죽기 몇 년 전인 420년경에 『라우수스의 역사』(*Historia Lausiaca*)를 썼다. 이 작품은 익명의 저자가 쓰고 루피누스가 라틴어로 번역한 『이집트 수도승들의 역사』(*Historia Monachorum*)와 더불어 4~5세기 동방, 특히 이집트 수도승들의 삶을 전해 주는 중요한 두 모음집 가운데 하나이다.

다. 에바그리우스가 죽은 지 20여 년이 지난 420년경에 쓴 책이다. 에바그리우스의 생애는 이 책 38장에 나온다.

팔라디우스에 따르면 에바그리우스는 345년경 폰투스[9]의 이보라Ibora에서 태어났다. 부친은 이보라의 주교였다. 이보라는 바실리우스Basilius(328~378)의 소유지인 안네시Annesi 근처에 있었다. 이러한 입지 조건으로 인해 에바그리우스는 그 유명한 카파도키아Cappadocia의 교부들과 일찍부터 친분을 맺을 수 있었다. 357~358년에 바실리우스와 그의 동료 나지안주스의 그레고리우스Gregorius Nazianzenus(329~390)는 안네시로 물러나 수도승생활을 하고 있었다. 에바그리우스는 바실리우스에게서 독서직을 받고, 379년에 나지안주스의 그레고리우스에게 부제품을 받았다. 에바그리우스는 바실리우스가 죽자 나지안주스의 그레고리우스를 스승으로 삼았다. 그가 "우리의 지혜로운 스승"[10]이라고 말할 때, 그것은 나지안주스의 그레고리우스를 뜻한다. 380년에 그는 고향을 떠나 그레고리우스와 함께 콘스탄티노플로 갔다. 에바그리우스는 콘스탄티노플

---

[9] 오늘날의 터키 북부에 있는 폰투스(Pontus)는 흑해 남부 연안 소아시아의 한 주였다.

[10] *PT* 89.

공의회에 참석하여 모든 이단과 싸워 승리했다. 이는 에바그리우스가 탁월한 성경지식과 지혜로써 이단을 공박할 준비가 되어 있었기에 가능했다. 그의 능력이 콘스탄티노플 전체에 알려져 그는 많은 사람의 칭송을 받았다. 이 일로 에바그리우스는 교만의 유혹에 빠지게 되며, 애욕의 노예로 전락하고 만다.

에바그리우스는 한 고관 부인과 사랑에 빠졌다. 어느 날 꿈속에서 이 일로 인해 자신이 당하게 될 온갖 어려움을 본 후 예루살렘으로 탈출한 그는, 올리브 산에 있는 루피누스[11]와 멜라니아[12]의 수도원에 피신하여

---

[11] 루피누스(Rufinus, 340~410)는 345년경 콘코르디아(Concordia)의 그리스도교 가정에서 태어났다. 흔히들 콘코르디아의 루피누스 혹은 아퀼레이아(Aquileia)의 루피누스라고 부른다. 루피누스는 멜라니아와 함께 예루살렘의 올리브 산에 수도 공동체를 설립했다. 그는 이집트에 체류하면서 오리게네스의 제자들과 교류하며 우호적인 관계를 유지했다. 특히 익명의 저자가 쓴 『이집트 수도승들의 역사』를 라틴어로 번역하여 서방에 동방 수도승들의 삶과 영적 가르침들을 소개했고, 바실리우스의 『소(小)수덕집』(*Asceticon parvum*)을 라틴어로 번역하여 서방에 소개했다. 그는 시칠리아에서 410/11년에 65/6세의 나이로 사망했다.

[12] 로마의 부유한 스페인계 귀부인 멜라니아(Melania, 342~410)는 4세기의 유명 인사였다. 그녀는 남편이 죽자 금욕생활을 했고, 372년에 로마를 떠났다. 그녀를 잘 아는 팔라디우스는, 373년경 이집트의 니트리아를 방문한 그녀의 일화를 전해 준다. 루치우스(Lucius)가 수도승들을 박해하던 시절에 그녀는 그들을 도와주었다. 그들이 다시 이집트로 돌아간 후 멜라니아는 루피누스와 함께 예루살렘의 올리브 산에 수도원을 하나 설립했다. 그녀의 큰딸도 멜라니아(383~438)이므로 흔히 '노(老)멜라니아'와 '소(少)멜라니아'로 구별하여 부른다. '소(少)멜라니아'도 올리브 산에 또 다른 수도원을 설립했다(*The Concise Oxford Dictionary of the Christian Church*, ed. Elizabeth A. LIVINGSTONE, Oxford University Press 1977, 331 참조).

거기서 몇 달을 보냈다. 이 수도원은 도시 안에 있었다. 에바그리우스는 콘스탄티노플을 빠져나올 때 했던 결심을 금세 잊어버리고 젊은 여인들을 찾아 나서는 일이 잦았다. 그러자 하느님께서 그에게 질병을 내리셨다. 여섯 달 동안이나 질병에 시달린 그는 결국 완전히 쇠진하고 말았다. 어떤 의사도 그 병의 원인을 발견하지 못했다. 멜라니아는 오직 하느님만 그 병을 치유하실 수 있음을 깨달았다. 에바그리우스는 마침내 하느님께 의탁했고, 이전의 방탕한 생활을 청산하고 이집트로 가서 수도승이 될 것을 하느님께 약속했다. 며칠 후 그는 씻은 듯이 나았다.

멜라니아에게서 수도복을 받은 에바그리우스는 383년 이집트로 갔다. 그는 알렉산드리아에서 남동쪽으로 50km 떨어진 니트리아에서 2년 동안 살다가, 더 깊은 사막으로 들어가 이집트 수도승생활의 중심지 가운데 하나인 켈리아에서 죽을 때까지 14년을 살았다. 켈리아는 니트리아에서 남쪽으로 약 18km 떨어진 곳이다. 켈리아 수도승들은 각자의 암자에서 반(半)은수생활을 했다. 각 암자는 서로 보고 듣지 못하도록 일정한 거리를 유지했다. 수도승들은 자기 암자에서 주간 내내 머물렀고, 매일 손노동을 하면서 성경 구절을 암송했으며, 하루에 한 번 소금과 기름으로 간을 맞춘 소량의 빵을 먹었다. 토요일 저녁에는 모든 수도승이 성당에 모여 함께 아가페 식사를 했고 주일 전례를 거행했다.[13] 에바그리우스는 켈리아의 사제인 알렉산드리아의 마카리우스Macarius Alexandrinus(4세기)와, 스케티스Scetis에서 수도승생활을 창시한 이집트의 마카리우스Macarius Aegyptius(300~390)[14]도 알고 있었다. 루피누스는 『이집트 수도승들의 역사』에서 에바그리우스를 "복된 마카리우스"[15]의 제자라고 했다. 에바그리우스는 켈리아에서 필사가로 일하면서 소량의 빵과 소금과 기름으로 금욕생활을 했다. 그는 원고들을 필사하고 문맹자들을 위해서 책을 저술했다.

대부분 문맹인 수도승들 가운데서 에바그리우스는 지식인처럼 보였지만 정작 자신은 지식의 한계를 너무나 잘 알고 있었다. 그는 단순한 사람들과 함께 있을 때 스스로 작은 이가 되려고 노력했고 그들의 적대감을 침묵으로 인내했다.

---

[13] 켈리아 수도승들의 삶은 Antoine GUILLAUMONT, "Storia dei monachi a Kellia", in EVAGRIO PONTICO, *Per conoscere lui*, 111-28에 자세히 묘사되어 있다(앙뚜앙 귀오몽 「켈리아 수도승들의 이야기」 허성석 옮김 『코이노니아』 30, 한국 베네딕도회 수도자 모임 2005, 7-21 참조).

[14] 흔히 '대(大)마카리우스'라고도 한다. 그가 서른 살 무렵에 건설한 스케티스(Wadi-al-Natuun) 시막의 수도승 부락은 훗날 이집트 수도승생활의 주요 중심지들 가운데 하나가 되었다(*The Concise Oxford Dictionary of the Christian Church*, 314 참조).

[15] *PL* 21 (1878) 449 A.

깊은 학식과 통찰력의 소유자 에바그리우스는, 팔라디우스가 에바그리우스의 '형제회'라고 불렀던 수도승 무리의 지도자였다. 이 수도승들은 오리게네스의 우의적allegorical 성경 주석에 깊이 매료되었다. 하지만 그들은 때때로 지나친 열성과 무분별로 인해 오리게네스의 사상을 왜곡하곤 했다. 그들은 오리게네스가 단지 가능성으로만 제시한 내용들을 결정적이고 절대적인 것인 양 주장했다. 그 결과 오리게네스의 작품을 접한 적이 없고 대부분 신인동형론Anthropomorphism[16]자였던 단순한 수도승들[17]에게는 그들의 주장과 가르침이 마치 이단처럼 들렸다. 이것은 마침내 '오리게네스 논쟁'을 야기시켰다. 이 논쟁은 400년에 시작되어 오리게네스의 제자들인 이 켈리아 출신의 수도승 무리가 이집트에서 추방됨으로써 막을 내렸다. 에바그리우스는 이 논쟁이 일어나기 두 달 전인 399년, 54세의 나이로 생을 마감했다.

---

[16] 하느님을 인간의 형상으로 생각하는 경향. 4세기 이집트의 단순한 수도승들은 이런 식으로 하느님을 생각하는 데 익숙해 있었다.

[17] 주로 켈리아에서 남쪽으로 40km 떨어진 곳에 있는 스케티스의 수도승들을 말한다.

2. 에바그리우스의 작품

에바그리우스의 작품 목록은 매우 방대하여 정확한 작품 수와 제목을 모두 제시하기에는 어려움이 많다. 그의 작품들은 매우 체계적이지만 이해하기가 쉽지 않다. 그의 사상은 심오하여 때때로 많은 오해와 논쟁의 소지를 낳았고 어떤 개념과 교설은 오해를 받아 일부 작품은 단죄를 받기도 했다. 따라서 그의 작품들을 보존하기 위해서는 상당한 노력이 필요했다. 논쟁의 소지가 있는 작품들은 가명으로 전해지고 있다. 그렇다 하더라도 지금까지의 연구 결과에 따라 그의 작품으로 받아들여지는 것들은 다음과 같다.

1. 『프라티코스』*Praktikos*

이 작품은 에바그리우스의 가장 잘 알려진 작품 가운데 하나로, 금욕생활에 관한 가르침을 담고 있다. 즉, 욕정과 무질서한 충동을 정화하는 방법을 다루는 동시에 기도에 대해서도 많은 이야기를 하고 있다. 이 책은 하나의 독립된 작품이면서도 에바그리우스 스스로 말하는 바와 같이[18] 『그노스티코스』와 『케팔라이아 그노

---

[18] *PT* 머리말 9 참조.

스티카』와 더불어 삼부작을 이룬다. 에바그리우스는 『프락티코스』를 『모나코스』*Monachos*(수도승)라고도 부른다. 이 책은 100개의 단장短章으로 구성되어 있다. 여기서 에바그리우스가 '프락티케'라고 부르는 금욕적 가르침이 다루어진다. 수도승들은 바로 이 길을 통해서 '아파테이아'*apatheia*에 이르게 된다.

이 작품을 담고 있는 필사본들은 동서양의 여러 도서관에 소장되어 있다. 현존하는 여러 필사본의 광범위한 확산이 단일 비평본을 만드는 일을 어렵게 만드는 요인이다. 그리스어로 된 에바그리우스의 작품 모음집 안에 전해지는 텍스트가 가장 훌륭한 것으로 평가되고 있다.[19] 이 텍스트는 또한 시리아어판과 아르메니아어판에서도 발견된다. 1971년에 앙뚜앙 귀오몽 Antoine Guillaumont과 클레르 귀오몽 Claire Guillaumont의 노력으로 그리스어 본문에 대한 비평본이 나왔다.[20] 그리스어 본문 번역·주해·해제 등, 그들의 비판적이고

---

[19] 그리스어 텍스트는 *PG* 40에 수록되어 있는데, 이것은 고텔리에(Gotelier)의 『그리스 교회의 기념비』(*Ecclesiae Graecae Monumenta*)라는 작품 안에 수록된 텍스트(COTELIER, *Ecclesiae Graecae Monumenta*, vol. 3, 1686, 68-102)를 재편집한 것이다.

[20] *SC* 170; *SC* 171. 이탈리아어 번역본은 EVAGRIO PONTICO, *Per conoscere lui*, 186-239에, 영어 번역본은 EVAGRIUS PONTICUS, *The Praktikos/Chapters on Prayer*, 3-42에 수록되어 있다. 허성석 엮음 『수도 영성의 기원』 137-42도 참조.

종합적인 연구 결과는 이 작품을 이해하고 에바그리우스의 심오한 사상에 다가가는 데 크게 기여했고, 앞으로도 많은 도움을 줄 것이다.

2.『그노스티코스』*Gnostikos*

이 작품은 에바그리우스의 삼부작 가운데 하나로『프락티코스』와 함께 단일체를 이루어『모나키코스』*Monachikos*로 알려졌다.『그노스티코스』는 100개의 장으로 이루어진『프락티코스』와 달리 50개의 장으로만 이루어져 있다. 상당히 흥미 있는 단편들이 그리스어 원문으로 보존되어 온 데 반해, 이 작품은 시리아어와 아르메니아어 번역본들로만 전해져 왔다. 1989년에 앙뚜앙 귀오몽과 클레르 귀오몽이 그리스어 단편들에 대한 비평본과 시리아어와 아르메니아어 번역본들을 토대로 확립한 본문 번역과 주해를 담아 가치 있는 판본을 출간했다.[21] 금욕생활에 전념하는 사람보다는 주로 관상가를 위해 쓴 작품이다. 그러나 사변思辨에 흐르지 않고 오히려 관상 수도승을 위한 실천적 조언에 초점을 맞춘다.[22]▶

---

[21] ÉVAGRE LE PONTIQUE, *Le Gnostique*, Trad., Comment., Tables, Antoine GUILLAUMONT et Claire GUILLAUMONT, Sources Chrétiennes 356, Paris: Cerf 1989.

3. 『케팔라이아 그노스티카』 *Kephalaia Gnostica*

에바그리우스의 주요 사변적 작품 가운데 하나인 이 작품은 그의 우주론적·인간학적 사상에 대한 일종의 신학 총론으로, 철학적인 내용을 많이 담고 있다. 이 작품에는 무엇보다 에바그리우스가 오리게네스로부터 받아들이고 553년에 단죄된 거의 모든 개념이 등장한다. 이 작품은 격언들로 된 여섯 첸테니centeni로 구성되어 있다. 그러나 여기서 한 첸테니는 100개가 아닌 90개의 장으로 구성되어, 실제로는 모두 540개의 장으로 이루어져 있다. 그래서 여섯 첸테니에 걸맞은 600에서 부족한 수를 채우기 위해 60개의 문장으로 별도의 모음집을 엮었다. 이것은 유독 시리아어 사본에만 보존되어 「부록」으로 전해져 온다. 에바그리우스 친히 이 「부록」을 편집했는지는 여전히 의문으로 남는다.

이 작품의 그리스어 원본은 거의 소실되었다. 심지어 시리아어판에서 채택된 텍스트조차 많은 부분 정교한 재작업을 거쳤다. 1912년 프랑켄베르크가 그리스어 복원판[23]을 편집했다. 최근에 두 번째 시리아어 번역본[24]이 발견·출간되었는데, 원문 보존 상태가 거의

---

[22] *CS* 4, lx 참조.

[23] W. Frankenberg, *Evagrius Pontikos*, Berlin 1912.

완벽하여 지금까지 출간된 그 어느 것보다 에바그리우스의 신학에 대한 더 정확하고 완전한 평가를 가능케 한다.[25]

4. 『휘포튀포시스』 *Hypotyposis*

'수도승생활의 원리'라는 이름으로도 불리는 이 작품은 수도승이 되는 데 필요한 수행들, 즉 독신·세상에 대한 포기·가난·고독(헤시키아)·손노동·궁극 목표에 대한 묵상 등을 다룬다. 여기서 에바그리우스는 특히 고독의 필요성과 영적 집중 상태를 지속적으로 유지하는 데 필요한 삶의 양식을 강조한다. 이 작품은 그리스어로도 보존되었고[26] 『필로칼리아』*Filocalia*에도 수록되어 있다.[27] 시리아어와 아르메니아어 번역본들도 존재한다.[28] 귀오몽은 이 작품을 에바그리우스의 작품으로 돌리는 것에 약간의 의구심을 가진다. 에바그리우스에게서 통상적으로 발견되는 문체의 독창성과 신

---

[24] 1952년 귀오몽이 발견하여 *PO*(*Patrologia Orientalis*, ed. R. GRIFFIN, F. NAU, Paris 1897~) 28,1로 출간되었다.

[25] *CS* 4, lxi 참조.

[26] *PG* 40, 1252 D-1262 C.

[27] NICODEMO AGHIORITA e MACARIO DI CORINTO, *La Filocalia* I, Trad., Intro., Note, M. Benedetta ARTIOLI e M. Francesca LOVATO, Milano 1982, 99-106.

[28] J. MUYLDERMANS, *Evagriana Syriaca*, Louvain 1952.

선함이 없기 때문이다. 그러나 이 작품의 몇몇 구절이 암모나스Ammonas[29]의 작품들 가운데서 발견되기는 하지만, 필사본 전승은 에바그리우스의 작품으로 여겨지고 있다.[30]

5. 『수도승 에울로기우스를 위한 가르침』
Treatise to the Monk Eulogius

미뉴Migne 전집[31] 중 닐루스[32]의 작품들 가운데 편집되었다.[33] 몇몇 그리스어 사본이 이 작품을 에바그리우스의 것으로 돌린다 해도 이 작품의 친저성親著性에는 의문의 여지가 있다. 대부분의 그리스어 사본들이 안키라의 닐루스의 작품으로 보기 때문이다. 실제로 귀오

---

[29] 안토니우스의 제자로 14년간 스케티스에서 수도승생활을 했고 후에 주교가 되었다.

[30] 참조: *CS* 4, lxiii; *SC* 170, 33.

[31] 17세기 파리 베네딕도회 마우루스 수도원의 수도승들이 수집·출간한 교부 문헌 전집으로, 『라틴 교부 총서』(*Patrologia Latina*) 221권과 『그리스 교부 총서』(*Patrologia Graeca*) 161권으로 이루어져 있다.

[32] 안키라의 닐루스(Nilus Ancyranus, †430년경)는 요한 크리소스토무스의 제자다. 한때 콘스탄티노플 왕궁의 고위 관리였으나 후에 시나이 산에서 수도승이 되었다. 그래서 그를 '시나이의 닐루스'라고도 부른다. 결혼하여 오누이를 두었지만 부인과 합의하여 자신은 아들과 함께 시나이 산으로, 부인과 딸은 이집트로 물러가 수도승생활을 했다. 그는 많은 서간과 금욕적 작품의 저자로 알려졌지만, 실제로 에바그리우스의 작품 가운데는 그의 이름으로 출간된 것이 많다. 553년 콘스탄티노플 공의회에서 에바그리우스의 많은 작품이 단죄되었기 때문이다(*Vita e detti dei padri del deserto*, ed. Luciana MORTARI, Roma: Città Nuova Editrice 1996, 349-51 참조).

[33] *PG* 79, 1093-1140.

몽은 이 작품의 현존 사본을 다수 보유한 아르메니아 전승과 시리아 전승이 이 작품의 친저성을 인정함에도 불구하고, 일말의 의구심을 떨치지 못한다. 세 종種의 시리아어 번역본이 있다.[34]

6. 『안티레티코스』*Antirrhetikos*

이 작품은 전통적인 측면에서 에바그리우스의 특징을 온전히 드러낸다. 말하자면 에바그리우스가 성경과 사막 전통에서 받아들여 탁월한 방식으로 재작업한 그의 가르침의 일부를 반영하는 작품이다. 에바그리우스는 여기서 최초로 여덟 가지 욕정의 목록을 작성하고 묘사했다. 이 작품에서 그는 창세기부터 요한 묵시록에 이르기까지 악한 경향과 생각을 거슬러 싸우는 데 도움이 될 수 있는 일련의 성경 본문을 인용한다. 인용된 성경 본문은 총 487개다. 이 작품은 높이 평가받는 에바그리우스의 작품들 가운데 하나지만 시리아어와 아르메니아어로만 현존한다. 겐나디우스Gennadius가 번역한 라틴어 번역본은 소실되었다.[35]

---

[34] J. MUYLDERMANS, *Evagriana Syriaca*, 46 이하.
[35] *CS* 4, lxii 참조.

7. 『여러 악한 생각에 관하여』
Treatise on Various Evil Thoughts

이 작품은 그리스어로 보존되고[36] 에바그리우스의 이름으로 『필로칼리아』에 수록되어 있다.[37] 두 개의 다른 교정본이 존재하며 뮐더만스가 시리아 전승을 연구했다. 그리스 전승이 에바그리우스의 친저성을 인정하는 데 다소 주저하지만 일반적으로 에바그리우스의 작품으로 여겨지고 있다.

8. 『악한 생각에 대하여』 *De Malignis Cogitationibus*

에바그리우스가 쓴 것인지는 확실히 밝혀지지 않았지만 에바그리우스의 필체와 매우 흡사하다.[38] 시리아어판과 그리스어판[39]으로 현존한다. 시리아어판은 미뉴에 의해서 출판된 그리스어 텍스트보다 훨씬 더 짧다.

9. 『수도승을 위한 권고』 *Ad Monachos*

앞의 모든 작품과 달리 이 작품은 주로 회수도승들을 위해 쓴 것이다. 보통 에바그리우스는 글을 쓸 때 은수

---

[36] *PG* 79, 1200-1233. 여기서는 닐루스의 작품들 가운데 수록되어 있다.

[37] Nicodemo Aghiorita e Macario di Corinto, *La Filocalia* I, 107-24.

[38] J. Muyldermans, *Evagriana Syriaca*, 38 참조.

[39] 그리스어판은 *PG* 79, 1199-1234에 수록되어 있다.

자들을 염두에 두지만, 137개의 격언으로 구성된 이 작품에는 회수도승생활에 보다 특별하게 적용된 권고들이 담겨 있다.[40] 그레스만이 이 작품을 그리스어 원본으로 편집했다.[41] 시리아어 텍스트는 편집되지 않은 채 남아 있다. 아르메니아어판 에바그리우스의 작품 모음집에도 실려 있고, 라틴어 텍스트는 미뉴의 『라틴 교부 총서』에 수록되어 있다.[42] 우리말로는 『코이노니아』에 이미 번역·소개되었다.[43] 앙드레 윌마르A. Wilmart는 이 작품이 5~6세기 서방에 얼마나 큰 영향력을 끼쳤는지 지적했다. 영어권에서는 지난 세기 말, 제레미 드리스콜에 의해 이 작품에 대한 체계적이고 심도 있는 연구가 이루어졌다.[44]

10. 『동정녀를 위한 권고』 Ad Virginem

56개의 격언으로 구성된 이 작품도 회수도승생활에 적용된 권고들이다.[45] 그리스어 원본으로 보존되어 왔고,

---

[40] *SC* 170, 33-4 참조.

[41] H. GRESSMANN, *Nonnen- und Mönchsspiegel des Evagrios Pontikos*, Leipzig 1913.

[42] *PL* 20, 1181-1186.

[43] 에바그리우스 폰티쿠스 「수도승들에게」 허성석 역주 『코이노니아』 29, 2004, 182-208.

[44] J. DRISCOLL, *The 'Ad Monachos' of Evagrius Ponticus*, 1991.

[45] *SC* 170, 33-4 참조.

그레스만이 편집했다. 시리아어와 아르메니아어로도 전해 오고 있으며, 앙드레 윌마르가 라틴어 번역본을 출판했다. 수많은 사본이 현존하는 『수도승을 위한 권고』와 달리 이 작품은 불과 몇 개의 필사본으로 보존되어 왔다.[46]

11. 『기도론』 *De Oratione*

에바그리우스의 작품 가운데 가장 중요한 작품으로 후대에 지대한 영향을 끼쳤다. 이 작품의 그리스어 본문은 안키라(시나이)의 닐루스의 이름으로 보존되어 왔는데,[47] 이는 에바그리우스가 『케팔라이아 그노스티카』에 등장하는 개념들로 인해 오해와 악평을 받았기 때문이다. 그러나 시리아인들과 아르메니아인들은 이것을 늘 에바그리우스의 작품으로 여겨 왔고 이레네 하우스헤르는 이 주장의 신빙성을 입증했다.[48] 이 주장은 오늘날 보편적으로 받아들여지고 있다. 전체 텍스트가 한 번에 시리아어로 번역되었지만 일부만 보존되었다. 이

---

[46] 우리말 번역: 에바그리우스 폰티쿠스 「동정녀에게 준 권고」 허성석 역주 『코이노니아』 32, 2007, 141-51.

[47] 『필로칼리아』(*Filocalia*)에 수록. 현대어 번역은 NICODEMO AGHIORITA e MACARIO DI CORINTO, *La Filocalia* I, 272-89; *CS* 4, 52-80 참조.

[48] I. HAUSHERR, "Le traité de l'oraison d'Evagre le Pontique", *Revue d'Ascetique et de Mystique* 15, 1934, 169.

작품은 서간 형식을 띤 머리말과 기도에 관한 153개의 짧은 문장들[49]로 이루어져 있다. 에바그리우스는 이 작품을 통하여 수도승 신비주의의 창설자가 되었다.[50]

12. 『프로트렙티쿠스』Protrepticus와 『파래네티쿠스』Paraeneticus

서간 형태로 된 이 두 작품은 한 수도승에게 보낸 권고로서 기도와 시편과 수도생활의 여러 문제를 다루고 있다. 일부 학자가 친저성 문제를 제기하지만 에바그리우스의 작품이 분명한 듯하다. 이 작품들은 그리스어 원본이 아닌, 시리아어 번역본으로만 전해 온다.[51]

13. 서간Letters

시리아어로 전해지는 이 62통의 서간들은 에바그리우스 작품의 중요한 일부다. 무엇보다도 이 서간들이 시리아 문학 전체에서 가장 오래되고 완전한 모음집을 이루기 때문일 것이다.[52] 에바그리우스의 서간들은 그의 사상을 이해하는 데 매우 중요하다. 특히 이 62통의

---

[49] 이는 요한 21,11에 나오는 153마리의 물고기를 연상시킨다.
[50] 참조: *CS* 4, lxi; 허성석 엮음『수도 영성의 기원』135.
[51] *CS* 4, lxiv 참조.
[52] J. MUYLDERMANS, *Evagriana Syriaca*, 76 참조.

서간과는 별도로 수록된 「멜라니아에게 보낸 서간」이 그러하다. 이 서간은 에바그리우스의 주요 개념들을 설명하고 있다. 그러나 이 모두가 정통적인 것은 아니다. 이 서간에서 에바그리우스는 자신의 사상을 종합하면서 더욱 담대하게 자신의 개념들을 표현했다.[53] 서간은 주로 멜라니아에게 보낸 것이지만, 바실리우스와 나지안주스의 그레고리우스에게 보낸 것들도 있다. 그중 많은 서간이 아르메니아어로도 전해지나, 「바실리우스의 여덟 번째 서간」이라는 이름으로 바실리우스의 서간 가운데 포함되어 전해지는 에바그리우스의 서간은 그리스어로 보존되어 있다.[54]

14. 성경 주해 Scriptural Commentaries

에바그리우스가 성경 주해서를 썼다고 말하는 고대인들은 아무도 없지만, 그가 성경 주해서들을 썼다는 사실은 분명하다. 가장 중요한 주해서는 『시편 주해』 *Scholia on Psalms*다. 본디 오리게네스의 작품들에 포함되어 있었으나 훗날 에바그리우스의 작품임이 밝혀졌다. 이 텍스트를 연구한 폰 발타살은 1939년, 이것이 에바그리우스의 작품이라는 결론을 내렸다.[55] 1960년에는 롱

---

[53] *SC* 170, 36 참조.
[54] *CS* 4, lxiv-lxv 참조.

도M.J. Rondeau가 바티칸 도서관에서 에바그리우스의 작품임을 입증하는 필사본을 발견했다. 사실 엄밀히 말하면 이 작품은 주해서라기보다는 주로 시편 본문에 대한 개인적 성찰을 기록한 일련의 문장들이다. 이 주해서는 에바그리우스의 그리스도론을 더욱 완전하게 이해하기 위하여 매우 중요하다.

욥기와 잠언을 다룬 주해서들은 단편으로만 존재한다. 또한 이사야의 환시를 다룬 「세라핌에 대하여」*De Seraphim*와 에제키엘의 환시에 대해 주해한 「케루빔에 대하여」*De Cherubim*가 있다. 「주님의 기도」*Pater noster*에 관한 주해서도 그가 쓴 것으로 알려져 왔다.[56]

15. 여러 금욕적 주제 Various Ascetic Treatises

뮐더만스는 단식 · 침묵 · 겸손 · 고요의 표지들, 의인과 완전한 사람, 그리고 다른 여러 금욕적 주제를 다룬 에바그리우스의 텍스트 모음집을 출판했다.[57] 이것은 모두 시리아어로 전해져 오는데, 그 가운데 일부는 매우 흥미롭다. 「의인과 완전한 이들에 대하여」*De Justis et*

---

[55] 참조: H.U. VON BALTHASAR, "Die Hiera des Evagrius Pontikus", *Zeitschrift für katholische Theologie* 63 (1939) 86 이하; 181 이하.

[56] *CS* 4, lxv-lxvi 참조.

[57] J. MUYLDERMANS, *Evagriana Syriaca*, 105 이하 참조.

*Perfectis*란 단편이 특히 그러하다.[58] 뮐더만스는 이런 유의 단편 열여섯 개를 더 편집했다.

16. 격언집 Collections of Sentences

많은 격언집이 에바그리우스와 닐루스의 이름으로 전해 온다. 미뉴의 『그리스 교부 총서』 안에(셋은 에바그리우스의 작품으로, 다른 셋은 닐루스의 작품으로) 편집되었다[59] 하더라도 이 격언집 역시 누구의 것인지는 정확히 알 수 없다. 이런 문학 양식은 그리스 영지주의적 양식[60]의 영향을 받았지만, 동시에 성경의 격언집, 특히 잠언의 영향도 받았다.

⚜

열거한 작품들 가운데 1·2·3은 본질적으로 '프락티케'와 '그노스티케'로 구분되는 영성생활의 기본 단계들을 서술하고, 4와 5는 수도승생활의 기본 개념들을 자세히 정의하는 데 할애되었다. 6·7·8은 '프락티케'의 중요한 요소인 여덟 가지 악한 생각에 대한 가르

---

[58] *ibid.*, 81-2 참조.

[59] *PG* 40, 1264 D-1269 D(Evagrius); *PG* 79, 1236 A-1264 A(Nilus).

[60] *SC* 170, 113-4 참조. 바르덴헤버(Bardenhewer)는 에바그리우스를 '최초의 그리스도교 영지문학 작가'로 언급한다.

침을 담고 있으며, 9와 10은 회수도승생활에 적용된 권고들이다. 아무튼 에바그리우스의 작품 중에서 수도승생활과 관련하여 특히 중요하고 흥미로운 작품은 『프락티코스』와 『기도론』이라 할 수 있다. 전자는 '금욕주의'에 대한 가르침을, 후자는 '신비주의'에 대한 가르침을 담고 있기 때문이다.

3. 에바그리우스의 핵심 사상[61]

3.1. 이성적 존재

3.1.1. 정신의 원原창조

에바그리우스에 따르면, 하느님은 본디 당신 모상에 따라 이성적 존재들logika을 창조하셨는데, 그들이 순수 정신nous이다. '하느님의 모상'인 정신의 창조 목적은 바로 하느님을 삼위일체로 인식하도록 하기 위함이다. 이 정신들은 하느님에 대한 인식에 있어서나 그분과의 일치에 있어서나 서로 동등하게 창조되었다. 에바그리우스는 '정신'이란 용어로써 우리가 하느님을 인식할 수 있는 능력을 지녔음을 나타내고 있다.[62]

---

[61] 이 부분은 주로 J. DRISCOLL, *The 'Ad Monachos' of Evagrius Ponticus*, 6-12.15-8을 참조했다.

[62] *ibid.*, 8 참조.

3.1.2. 영혼과 육체로 된 정신

에바그리우스는 존재론적 차원에서 인간의 원原타락을 이야기한다. 그에 따르면 창조 이후 순수 정신은 하느님을 인식하려는 노력을 소홀히 하게 되었고(정신의 타락), 그 결과 육체와 결합된 영혼으로 전락했다. 따라서 인간은 더 이상 순수 정신이 아니고 육체와 영혼이라는 또 다른 차원을 지니게 되었다. 이처럼 에바그리우스는 인간이 처음 창조된 때와는 달리 육체에 결합된 하나의 영혼을 지니며, 타락의 정도에 따라 크게 천사와 인간, 그리고 악령과 같은 세 범주의 타락한 정신으로 나뉜다고 보았다.[63]

이 세 범주의 타락한 정신은 모두 영혼과 육체로 혼합된 존재다. 그러나 각각은 서로 다른 형태의 육체를 지닌다. 인간의 조건은 천사의 조건과 더불어 악령의 조건에도 연결되어 있다. 천사는 우리가 악에 떨어지지 않도록 도와주는 친구인 반면, 악령은 우리를 악에 떨어지게 하는 적이다.

3.2. 영혼의 세 부분

에바그리우스에 따르면 인간 영혼은 이성부Reasonable part와 정념부Irascible part와 욕망부Concupiscible part로 구

---

[63] *ibid.*, 9 참조.

성되어 있다.[64] 영혼의 이런 삼중 구분은 그리스 철학 전통, 특히 플라톤에게서 유래하는 것으로 에바그리우스 인간학의 주요 특성이라 할 수 있다.[65] 세 부분으로 구성된 영혼은 타락한 정신의 구원을 목표로 한다.

이성부는 영혼의 가장 고귀한 부분으로, 타락한 정신의 직접적 연장延長이라 할 수 있다. 따라서 이성부를 통해서 정신은 여전히 그 본디의 능력(본질적 인식)[66]을 소유하게 된다. 흔히 욕정부Passionate part[67]로 통칭되는 정념부와 욕망부는 영혼이 육체에 연결되는 부분들이다. 본질적 인식에서 멀어진 타락한 정신은 한 육체 안에 있는 영혼으로 확장되었다. 그러므로 육체를 정화하고 영혼의 욕정부를 정화함으로써 이성부는 다시 본질적 인식을 얻게 된다.

---

[64] 영혼의 이성부($λογιστικόν$)는 존재 혹은 실존과 관련된다. 따라서 에바그리우스가 제시하는 여덟 가지 유혹 가운데 '헛된 영광'과 '교만'이 공격하는 부분이다. 그리고 정념부($θυμικόν$)는 마음과 관련된 유혹, 곧 '슬픔'·'분노'·'아케디아'가 공격하는 부분이며, 욕망부($ἐπιθυμητικόν$)는 육체와 관련된 유혹인 '탐식'과 '음욕'과 '탐욕'이 공격하는 부분이다(허성석 엮음 『수도 영성의 기원』 139-40 참조).

[65] J. DRISCOLL, The 'Ad Monachos' of Evagrius Ponticus, 10 참조.

[66] 정신의 '본질적 인식'이란 그 본디 창조 목적인 '삼위일체 하느님께 대한 인식'을 뜻한다.

[67] 영혼의 질병인 욕정에 사로잡히는 부분이다.

```
정신Intellectus → 영혼Anima
              이성부

              정념부 ⎫
              욕망부 ⎭ 욕정부 → 육체Corpus
```

결국 수도승생활 혹은 영성생활은 영혼의 이 다양한 부분들에 부합하는 적절한 덕을 쌓고 인식을 얻기 위한 일종의 영적 투쟁이다.

3.3. 영성생활의 두 측면

에바그리우스에게 영성생활은 크게 프락티케praktiké(수행)와 그노스티케gnostiké(관상·인식)라는 두 영역으로 구분된다. 프락티케는 영혼의 욕정부를 정화하는 영적 방법이고, 그노스티케는 영혼의 이성부가 인식 혹은 관상에 전념하는 것이다. 따라서 **수도승생활은 욕정부와 관련된 '악'과 이성부와 관련된 '무지'를 제거하여 영혼 안에 '덕'을 쌓고 '인식'을 얻기 위한 전적인 투쟁**이라 할 수 있다. 바로 이 때문에 수도승생활 초기에 수도승은 주로 프락티케에 전념하게 되며 프락티케를 완수하여 그 목표에 도달한 다음에야 비로소 그노스티케로 나아가게 된다.

프락티케의 직접적 목표는 아파테이아apatheia[68]다. 이것은 참된 사랑을 가능케 한다. 수도승은 오로지 사랑에서 인식으로 건너갈 수 있다. 완전한 아파테이아는 영혼의 욕망부와 정념부가 건강해지는 것을 뜻한다. 이 두 부분은 함께 작용하여 영혼을 건강한 상태로 유지시키며, 또한 영혼의 가장 높은 부분인 이성부가 제 기능을 발휘할 수 있도록 돕는다.

욕망부는 덕과 인식을 갈망하며, 정념부는 영혼의 세 부분 모두를 공격하는 악한 생각에 맞서 싸운다. 아파테이아에 이른 영혼에게는 욕정부에서 일어나는 생각들이 더는 정신을 흐리게 하지 못하며, 그의 이성부는 이제 인식으로 건너갈 준비를 갖추게 된다. 영성생활에 대한 이러한 구분은 에바그리우스의 여러 작품에서 자주 나타난다.[69]

3.4. 인식의 여러 차원

육체와 결합된 영혼으로 전락한 정신은 일단 아파테이아에 도달하면서 본디 창조 목적인 '본질적 인식'에 다

---

[68] 그리스어 아파테이아($ἀπάθεια$)란 말 그대로는 '욕정($πάθος$)의 부재(不在)'를 뜻한다. 에바그리우스가 사용한 이 전문 용어는 그에게 매우 중요한 개념 가운데 하나다. 이는 수행을 통해 우리를 괴롭히는 모든 욕정에서 자유로워진 영혼의 내적 평정 상태를 말한다. '무감정', '무감각' 등의 우리말 번역은 아파테이아의 본뜻을 왜곡할 수 있는 부적절한 번역이다. 아파테이아는 감정이 없는 '상대나 감각이 없는 '상대를 말히는 것이 아니라, 수행을 통해 욕정을 극복한 상태, 더는 욕정으로 동요되지 않는 초연한 상태를 말한다(해제 6.4. '아파테이아' 참조).

[69] J. DRISCOLL, *The 'Ad Monachos' of Evagrius Ponticus*, 11-2 참조.

다를 때까지 여러 차원의 인식을 통해서 단계적으로 올라가게 된다. 에바그리우스는 인식(그노스티케)을 크게 퓌시케*physiké*와 테올로기케*theologiké*라는 두 차원으로 나눈다. 전자는 보다 낮은 차원의 인식으로, 자연에 대한 관상 혹은 인식(자연학)[70]이라 할 수 있다. 이것은 피조물의 창조 이유*logos*를 깨닫는 것이다. 후자는 가장 높은 차원의 인식으로, 삼위일체 하느님에 대한 관상 혹은 인식(신학)이다. 피조물의 창조 이유에 대한 인식은 우리에게 다음 사실을 깨닫게 해 준다: 모든 피조물은 그 정신으로 하여금 삼위일체 하느님을 인식하도록 하기 위해서 창조되었다는 것이다.[71] 이처럼 에바그리우스에게 '인식'은 '자연에 대한 인식'과 '하느님에 대한 인식'으로 나누어져 있고, 전자를 통해서 후자로 나아가게 된다.

4. 에바그리우스의 영향

에바그리우스가 그리스인들에게 단죄된 것은 오리게네스 논쟁에 연루되었기 때문이다. 이러한 단죄는 그

---

[70] 여기서 말하는 자연학은 오늘날의 물리학이나 자연과학과는 다른 의미다. 이것은 자연의 경이로움을 관찰하고 즐기는 것이라기보다는 오히려 로고스가 세상을 창조한 이유들을 탐구하는 것이다.

[71] J. DRISCOLL, *The 'Ad Monachos' of Evagrius Ponticus*, 15-6 참조.

의 작품들을 전달하는 데 큰 장애가 되었다. 그러나 에바그리우스는 넵틱 교부들Neptic Fathers[72] 가운데 탁월한 위치를 차지했다. 실제로 그는 시리아인들에게 매우 존경받았다. 그들에게 에바그리우스는 위대한 신비 교사였다. 특히 그의 영향력은 증거자 막시무스Maximus Confessor(580~662)와 요한 클리마쿠스Ioannes Climacus(570~649)에게서 분명하게 드러난다. 에바그리우스의 작품을 읽지 말라고 권고한 가자Gaza의 교부 바르사누피우스Barsanuphius(5~6세기)도 자기 수련자들에게는 각자의 영혼에 유익한 것을 선택해 읽으라고 했다. 도로테우스Dorotheus(6세기 초~570년경)는 에바그리우스의 가르침을 잘 알고 있었고, 그것을 전통으로 여겼다.

로마인들 가운데 히에로니무스Hieronymus(342~420)는 에바그리우스에게 매우 적대적이었는데 이는 에바그리우스의 아파테이아 개념을 잘못 이해한 데서 기인한다. 히에로니무스는 에바그리우스의 아파테이아를 하느님에게 고유한 무죄성無罪性으로 이해하여 그를 혹독하게 비난했다.[73]▶ 요한 카시아누스Ioannes Cassianus

---

[72] 필로칼리아 교부들(Filocalia fathers)을 뜻한다. '아름다움 혹은 선에 대한 사랑'이란 뜻을 지닌 『필로칼리아』는 니코데무스 아기오리타(Nicodemo Aghiorita, 1749~1809)와 코린토의 마카리우스(Macario di Corinto, 1731~1805)가 동방 교부들의 작품을 선별하여 수록한 모음집이다. 이 교부들은 모두 '깨어 있음' 혹은 '절제'를 뜻하는 넵시스(Nepsis)를 강조했다. 넵틱(neptic)은 바로 이 넵시스에서 유래한 말이다.

(360~435)는 에바그리우스의 이름을 명시하지는 않았지만 그에게서 많은 가르침을 받아들였다. 루피누스는 에바그리우스의 작품들을 라틴어로 번역하여 서방에 소개했다. 서방에서는 에바그리우스가 수도승으로보다는 오히려 대담한 신학자로 더 많이 알려졌다.[74]

영성생활과 수도승생활에 대한 에바그리우스의 금욕적·신비적 가르침은 시대를 초월한 하나의 전통적 고전과도 같다. 실제로 그의 가르침은 후대에 많은 영향을 미쳤고 오늘날까지 항구한 가치를 지닌다.

5. 『프락티코스』의 구성

에바그리우스는 「아나톨리우스에게 보낸 편지」를 『프락티코스』와 별도로 두었다. 일종의 발신 서간인 이 편지는 머리말과 맺음말 역할을 한다. 『프락티코스』 자체는 연속적인 담화의 형태로 편집되지 않고 외관상 서로 연관성이 없어 보이는 일련의 문장 혹은 장章들로 이루어졌다. 이 장들의 길이는 매우 다양하다. 두 줄 이하의 짧은 장(1, 2, 20, 65, 69 등)도 있고, 열 줄이 넘는 다소 긴 장(12, 58, 89)도 있다. 그러나 일반적으로 다섯

---

[73] 해제 '6.4. 아파테이아' 참조.
[74] 허성석 엮음 『수도 영성의 기원』 150-1 참조.

에서 열 줄 사이의 장(5, 6, 7, 8, 11, 14, 15, 19 등)이 가장 많다. 이 장들은 여러 구절 혹은 단 한 구절로 이루어져 있다. 각 장은 논리상으로나 문체상으로 서로 독립되어 어떤 중요한 개념을 표현하고 있다. 에바그리우스는 이 작품을 어떻게 구성하는가?

『프락티코스』 100개의 장은 크게 네 부분(1-5장, 6-53장, 54-90장, 91-100장)으로 구성되어 있다.

1-5장은 일종의 도입부다. 1-3장에서는 책의 목적인 프락티케를 퓌시케(자연에 대한 인식)와 테올로기케(하느님에 대한 인식)에 대한 전체 가르침 안에 자리 매김 하는 정의定義들이 언급된다. 4-5장은 은수자의 조건을 정의하고 있다. 주로 욕정의 근원인 감각에서 벗어남, 유혹의 통상적 수단인 사람들을 멀리함 등이다.

6-53장은 악령과의 싸움을 자세히 묘사한다. 이 장들은 생각과 욕정, 그리고 악령에 대해 연속적으로 다룬다. 이 세 말마디는 서로 밀접히 연관되어 있다. 은수자에게 악령은 주로 생각을 통해 욕정을 일으키기 때문이다. 여기서 두 부분(6-14장, 15-33장)이 생각에 할애되는데, 6-14장에서는 발생학적 생각의 여덟 가지 목록(6)을 제시하고 차례대로 묘사한다. 즉, 탐식(7), 음욕(8), 탐욕(9), 슬픔(10), 분노(11), 아케디아(12), 헛된 영광(13), 교만(14)이다. 15-33장에서는 이 생각들에 대한

합당한 치료법(15)이 열거된다. 즉, 탐식(16) · 음욕 (17) · 탐욕(18) · 슬픔(19) · 분노(20-26) · 아케디아(27-29) · 헛된 영광(30-32) · 교만에 대한 치료법(33)이다. 34-39장은 욕정을 일으키는 원인(34-36)과 욕정의 구조(37-39)를 제시한다. 40-53장은 실천적 악령론이다. 즉, 구체적 상황에서 악령에 대처하는 방법(40-42), 수도승에 대한 악령들의 처신(43-48), 그들과 투쟁하기 위한 수단인 기도(49)와 관찰(50-51)과 금욕적 수행(52-53)을 묘사한다.

54-90장에서는 수도승이 악령과 욕정에 승리하면서 도달하는 목표인 아파테이아를 구체적으로 분석하고 있다. 여기서는 수도승이 아파테이아에 근접했다는 것을 어떤 표지로 알 수 있는가에 대해서 말하고 있다. 54-56장에서는 악몽을 통한 진단이 제시되고, 57-62장에서는 생각에 대한 억제와 악령에 대한 승리, 63-70장에서는 기도의 순간에 정신의 고유한 빛과 분심이 뚫고 들어올 수 없는 찬란함에 대한 환시가 언급된다. 71-90장에서는 영혼의 세 부분이 각각의 본성에 따라 움직이고, 정의의 덕이 그것들 간에 조화를 이루어 낼 때 아파테이아에 도달하게 된다고 가르친다.

91-100장은 원전히 다른 성격으로, 교부들의 금언을 모아 놓은 일종의 작은 모음집이다. 이 중 일부는 안토

니우스(92), 이집트인 마카리우스(93), 알렉산드리아의 마카리우스(94) 등 교부들이 구체적으로 거명되어 있고 나머지 격언들(95-99)은 익명으로 되어 있다.[75]

이상을 바탕으로 『프라티코스』의 구조와 내용을 정리하면 다음과 같다:

머리말	수도복에 대한 영적 해석 (아나톨리우스에게 보낸 편지)	
1-5장	수도승생활 개요	
6-53장	악령과의 싸움	
6-14장	여덟 가지 생각	
15-33장	치료법	
34-39장	욕정	
40-53장	악령론	
54-90장	아파테이아에 대한 분석	
54-56장	수면 중에 일어나는 일	
57-62장	아파테이아에 근접한 상태	
63-70장	아파테이아의 징조	
71-90장	실천적 고려	
91-100장	교부들의 금언	
맺음말	아나톨리우스에게 보낸 편지	

---

[75] *SC* 170, 113-8 참조.

6. 『프락티코스』의 가르침

6.1. 프락티케의 정의[76]

앞서 살폈듯이 에바그리우스의 영적 가르침은 프락티케와 퓌시케와 테올로기케 세 부분으로 구성되며,[77] 뒤의 두 가지는 그노스티케를 형성한다. 프락티케는 바로 『프락티코스』의 중심 주제다. 따라서 이 작품의 가르침을 살펴보는 것은 곧, 프락티케에 대한 에바그리우스의 개념을 공부하는 것이라 하겠다.

에바그리우스에 따르면, 프락티케는 **"영혼의 욕정부를 정화하는 영적 방법"**[78]으로 정의된다. 프락티케의 목적은 아파테이아에 이르는 것이며, 아파테이아는 영적 인식에 필요한 조건이다.

그리스 철학자들에게 '프락티코스'란 말마디는 언제나 이교적 성격을 띤 어떤 활동과 관련된다. 그러다가 알렉산드리아의 필론Philon에 의해서 최초로 윤리적이고 종교적인 활동에 연결된다. 그리스도교 저술가들은 흔히 프락티코스를 '활동생활'로, 테오레티코스theoretikos를 '관상생활'로 규정짓는다. 오리게네스는 이 두 삶

---

[76] *SC* 170, 38-63 참조.
[77] *PT* 1 참조.
[78] *PT* 78.

이 마르타와 마리아에 의해서 상징화된다고 보았다. 마르타는 활동생활을, 마리아는 관상생활을 상징한다는 것이다. 오리게네스는 이 두 삶이 서로 일치되어야 한다고 생각했다. 따라서 프락티코스와 테오레티코스는 서로 독립된 두 활동을 나타내지 않고 영성생활의 두 측면을 반영한다. 이 둘은 상호 보완적이며, 전자는 후자에 종속되고 직접 거기로 정향된다. 에바그리우스도 필론과 오리게네스의 전통을 받아들여 프락티케를 영성생활의 두 단계 중 첫 단계로 이해했다.

에바그리우스에 이르기까지 이 용어의 발전 과정은 이러하다: 플라톤은 손노동을 하며 사는 사람에게,[79] 아리스토텔레스는 활동을 지향하는 사람에게, 그리고 스토아 학파는 보다 특별하게 정치적·사회적 활동에 전념하는 사람에게 이 단어를 적용했다. 나지안주스의 그레고리우스에게 이 단어는 '활동생활'을 지향하는 성직자와 영적 통치 임무를 맡은 주교를 가리켰다.

그러나 에바그리우스가 '프락티코스'라고 부르는 사람은 수도승이며, 더 정확히는 독수도승을 뜻한다. 그는 세상으로부터 물러난 사람이며, 인간적인 일에 종

---

[79] 플라톤은 모든 학문을 '프락티케'와 '그노스티케' 두 부분으로 나누었다. 전자는 목공예처럼 수공예로 이루어지는 학문인 반면, 후자는 정신 활동과 관계가 있다.

사하기를 포기했을 뿐 아니라 교회 안에서도 활동적인 역할을 받아들이기를 포기한 사람이다. 다시 말해서 **관상에 전념하고 헤시키아**hésychia[80] **안에서 사는 사람**이다. 실제로 『프락티코스』에서 언급된 가르침은 회수도승 아닌 독수도승생활이나 반(半)은수생활을 하는 수도승을 대상으로 한 것이다. 따라서 이 단어를 에바그리우스 이전에 일반적으로 사용되던 '활동적' 혹은 '활동생활'로 번역하는 것은 적절하지 않다.

그러면 '프락티케'는 무엇으로 이루어지는가? 어떤 면에서 **프락티케는 덕의 실천**이라 할 수 있다. 에바그리우스에게 그것은 서로 연결된 다섯 가지 덕을 향한다. 이를테면 신앙, 하느님께 대한 두려움, 절제, 인내, 경험이다.[81] 아파테이아에 앞서는 이 다섯 가지 기본 덕이 프락티케를 구성한다.

하지만, **프락티케는 주로 '로기스모이'**[82], 곧 '악한 생

---

[80] '헤시키아'는 고요 · 평화 · 평정 · 고독 등으로 번역되는데, 일반적으로 두 가지 의미를 지닌다. 첫째는 관상에 필요한 영혼의 상태로서의 고요와 평정이며, 둘째는 세상으로부터의 이탈과 고독의 조건으로서의 고요다. 한마디로 헤시키아는 참된 기도와 진정한 관상에 도달하기 위한 목적으로, 고독과 침묵에 대한 사랑이라 하겠다[허성석 「시나이의 그레고리오 작품 안에 나타난 헤시키즘의 방법」『신학전망』 135 (2001/겨울) 116 참조].

[81] 참조: *PT* 머리말 8; *PT* 81.

[82] '생각들'을 뜻하는 그리스어 로기스모이(*logismoi*)는 에바그리우스의 작품 전편에 걸쳐 나타나는 전문 용어 가운데 하나다. 비록 부정 형용사와 함께 사용되지 않는다 하더라도 에바그리우스에게 이 용어는 거의 언제나 '악한 생각'이라는 부정적 의미를 지닌다.

각들'과의 **싸움**이다. 사실상 프락티케의 차원에서 로기스모이는 무엇보다도 악령이 일으킨 악한 생각이며, 수도승은 아파테이아를 향해 나아가기 위해 그것들에 맞서 싸운다.

6.2. 여덟 가지 생각과 그 순서[83]

에바그리우스는 자기 작품들 안에서 악한 생각에 대한 분석과 그것을 극복하는 방법에 많은 부분을 할애했다. 『프라티코스』는 특히 여덟 가지 주요 악한 생각에 대한 상세한 분석과 그 각각에 대한 치료법을 제시한다. 에바그리우스에게 '악한 생각'은 '악령'과 동의어로 사용된다. 각각의 생각(logismos)에는 그에 상응하는 악령이 있다는 것이 에바그리우스 이론의 핵심 특성이다. 따라서 어떤 생각에 괴롭힘당하는 것은 바로 그에 상응하는 악령에게 괴롭힘당하는 것이다. 이 때문에 수도승의 진정한 싸움은 악령 자체와의 싸움이다. 생각은 수도승을 괴롭히기 위하여 악령이 사용하는 수단이다. 한편, 수도승은 악한 생각과 싸워 그것을 정복함으로써 그 반대편에 있는 참된 덕을 발견하게 된다.

에바그리우스는 여덟 가지 생각에 대해 이렇게 말하

---

[83] 참조: J. Driscoll, *The 'Ad Monachos' of Evagrius Ponticus*, 13-5; SC 170, 63-84.90-3.

다. "**모든 생각을 포함하는 발생학적 생각은 모두 여덟 가지다. 바로 탐식·음욕·탐욕·슬픔·분노·아케디아·헛된 영광·교만이다.**"[84]

이 생각들에 대한 에바그리우스의 분석은 예리하며 실천적 지혜로 가득 차 있다.

에바그리우스가 제시하는 여덟 가지 생각은 어느 정도 경험에서 오는 논리적 순서를 따른다. 예컨대, 음욕은 식욕을 채운 사람에게 자연적으로 따라온다. 돈을 사랑하는 이가 돈을 모으지 못하면 슬퍼하거나 분노한다. 헛된 영광과 교만은 다른 생각에 맞서 싸워 승리한 수도승에게 위협이 된다. 그러나 이 생각들이 체계적으로 제시되지는 않는다. 에바그리우스는 단지 일반적인 방식으로 영적 진보의 순서에 따라 여덟 가지 생각을 나열하고 있을 뿐이다.

처음에 언급된 탐식과 음욕은 수도승이 초기에 맞서 싸우는 것들이다. 분노와 영혼의 정념부에서 일어나는 생각들은 무엇보다도 수도승이 영혼의 욕망부에서 유래하는 생각들을 쳐부수면서 아파테이아의 낮은 단계에 도달할 때 맹위를 떨치게 된다.[85] 헛된 영광과 교만의 악령들은 무엇보다도 다른 악령들이 물러갈 때 그

---

[84] *PT* 6.
[85] *PT* 63 참조.

모습을 드러내며, 프락티케에 진보한 수도승을 더욱 맹렬히 공격한다. 이러한 분류는 전통적인 것으로 남아 있다.

6.3. 악령[86]

에바그리우스에게 '로기스모이'와 악령들은 밀접한 관련이 있다. 이 두 말마디는 자주 등가적으로 나타난다. 그렇더라도 악령들은 그들 고유의 실체와 인격을 지닌 별개의 존재들이다. 『프락티코스』에서 악령론은 중요한 위치를 차지한다.

프락티케는 주로 생각에 맞선 싸움이라 할 수 있지만, 이 '생각'은 단지 수도승과 맞서 싸우기 위해 악령이 사용하는 수단일 뿐이다. 실제의 적敵은 악령이다. 금욕생활은 본질적으로 악령과의 싸움이다. 이 점에서 에바그리우스는 고대 교회에서 일반적으로 통용되었던 다음 개념을 공유하고 있다. **"우리의 전투 상대는 인간이 아니라, 권세와 권력들과 이 어두운 세계의 지배자들과 하늘에 있는 악령들입니다."**[87] 이 전통적 개념은 사막 수도승 영성에 하나의 새로운 생각을 제시했다. 사막은 악령들이 지배하고 있으며, 거기로 물러

---

[86] *SC* 170, 94-8 참조.
[87] 에페 6,12.

나는 수도승은 악령들과 직접 맞닥뜨려 싸우게 된다는 것이다. 『프락티코스』 5장에 나타나는 이런 생각은 이미 『안토니우스의 생애』에도 제시되어 있다. 이처럼 사막에서의 금욕적 투쟁은 무엇보다 악령에 맞서는 싸움이며, 수도승은 악령에 맞서 싸우는 사람이다. 프락티케의 끝에 이를 때 수도승에게 승리가 주어진다.[88]

이 전투에서 악령들이 선호하는 전술은 속임수다. 그들은 패배를 가장하여 퇴각하다가 느닷없이 급습하는 경우가 잦다.[89] 악령들은 수도승과의 싸움에서 영혼의 상태를 살피곤 한다. 내면에서 실제로 일어나는 것을 직접 볼 수는 없다. 하느님만이 사람의 마음을 아신다.[90] 그러므로 악령은 외적 표지를 관찰하는 일 말고는 영혼의 움직임을 알 수 없다.[91] 수도승도 관찰을 통해서 악령과 그의 술책을 알게 된다. 그러나 이 관찰은 우리의 감각을 벗어나는 악령 자체에 대한 관찰이 아니라 그가 불러 일으키는 생각에 대한 관찰이다.[92] 수도승은 관찰에 토대를 둔 이러한 경험적 인식에서 출발하여 프락티케에서 진보하면서 보다 높은 인식에로

---

[88] *PT* 60 참조.
[89] *PT* 44 참조.
[90] *PT* 46 참조.
[91] *PT* 47 참조.
[92] *PT* 50 참조.

들어 높여지게 된다. 이것이 로고이 *logoi*(이유들)[93]에 대한 관상에 바탕을 둔 참된 학문이다.

『프락티코스』에서 이 싸움이 묘사될 때 악령들은 프락티케에 반대하는 자들로 나타난다.[94] 아파테이아를 획득한 수도승이 영적 인식을 얻게 될 때, 그는 정신을 혼미하게 하여 관상을 방해하는 다른 악령들의 표적이 된다.[95] 프락티케에 반대되는 악령들의 모든 활동은 수도승이 프락티케의 끝인 아파테이아에 도달하는 것을 방해하는 데 그 목적이 있다. 그들은 또 영혼의 욕정부를 공격하고 생각을 통해 욕정을 자극한다. 에바그리우스는 욕정과 생각과 악령 간의 관계를 명확하게 정의한다. 즉, 악령은 생각을 불어넣고, 생각이 오래 머물 때 우리 안에 욕정을 불러 일으키는 것이 바로 악령이다.[96] 욕정을 일으키는 이런 구조에 대항하려면 생각이 우리 안에 오래 머물지 못하도록 해야 한다. 이처럼 수도승은 생각에 대한 각성과, 유혹을 즉각적으로 물리치려는 열성을 통해, 자신을 거스른 악령의 행위를 무력화시킴으로써, 어떠한 욕정도 더는 작용하지 못하는 영혼의 상태인 아파테이아에 도달하게 된다.

---

[93] '싸움의 이유들'(83장), '싸움에 대한 관상'(36장).
[94] 참조: *PT* 60; 84.   [95] *PT* 84 참조.
[96] *PT* 6 참조.

6.4. 아파테이아[97]

아파테이아는 프락티케의 꽃이다.[98] 프락티케를 실천하는 사람은 아파테이아라는 훌륭한 문으로 인도된다.[99] 아파테이아는 54장부터 시작되는 『프락티코스』 후반부에서 주로 다루어지지만, 사실상 이 작품 전체의 본질적 주제라 할 수 있다. 첫째 부분(1-53장)은 욕정의 공격을 막으면서, 달리 말해 적절한 치료법의 도움으로 악령이 일으키는 생각으로부터 우리를 자유롭게 하면서 우리가 어떻게 아파테이아에 도달할 수 있는지를 제시한다. 둘째 부분(54-90장)에서는 아파테이아가 무엇인지를 묘사하고, 거기에 근접했음을 알리는 표지들이 언급된다. 아파테이아는 에바그리우스의 금욕적 가르침의 핵심 개념이라 할 수 있다.

이 개념과 용어 자체는 치열한 논쟁을 불러 일으켰는데, 특히 히에로니무스가 심하게 반발했다. 이는 히에로니무스가 에바그리우스의 아파테이아 개념을 오해한 데서 기인한다.[100] 에바그리우스는 스토아 학파에 따라 아파테이아를 '영혼의 건강'으로 정의한다. 더 정

---

[97] *SC* 170, 98-112 참조.
[98] *PT* 81 참조.
[99] *PT* 91 참조.
[100] 해제 '4. 에바그리우스의 영향' 참조.

확하게 말하면, 아파테이아는 영혼을 구성하는 세 부분이 치유되어 각각 본성에 따라 움직일 때 얻게 된다.[101] 프락티케를 통해 영혼의 욕정부가 정화될 때 영혼은 본성에 따른 그의 자연적 활동에 자유롭게 전념할 수 있다.

아파테이아는 '덕스러운 상태'와 같다. 덕을 '영혼의 건강'이라 할 수 있기 때문이다. 영혼의 각 부분을 그에 고유한 덕들이 지배한다. 이성부는 현명·지성·지혜가, 정념부는 용기와 인내가, 욕망부는 고행·사랑·절제가 다스린다. 그리고 영혼 전체는 정의가 지배하는데, 정의의 역할은 영혼의 각 부분 간에 조화를 이루는 것이다.[102] 영혼의 세 부분이 각각 그 고유의 본성에 따라 활동할 때 이 부분들은 서로 조화를 이루게 되며 그 가운데서 아파테이아가 실현된다.

에바그리우스가 생각하는 아파테이아는 영혼의 욕정들 thymos(영혼의 정념적 요소)과 육체의 욕정들 épithymia(영혼의 욕망적 요소)에 대한 억압이 아니다.[103] 사실 영혼의 이 부분들은 그것들이 의지하는 육체 자체가 그

---

[101] *PT* 86 참조.

[102] *PT* 89 참조.

[103] '영혼의 욕정들'은 영혼의 정념부에서 유래하며, '육체의 욕정들'은 영혼의 욕망부에서 유래한다. '튀모스'와 '에피튀미아'에 대해서는 각주 64와 165 참조.

러하듯이 아파테이아를 유지하는 긍정적인 역할을 한다. 실제로 창조주가 타락한 정신들에 육체를 부여한 것은 그들의 선익을 위한 것이며, 또 그들의 구원을 돕기 위해서다. 육체는 프락티케의 실천과 감각적 인식을 위한 필수 불가결한 도구다. 인간은 감각적 인식에서 영적 인식으로 고양될 수 있다. 인간이 프락티케에 충분히 진보할 때 육체는 악령에 맞서 싸우는 정신의 피난처가 된다. 따라서 에바그리우스는 육체의 건강을 해치는 지나친 금욕을[104] 피하고 중용을 지키라고 권고한다.[105]

아파테이아의 표지들은 54-70장에서 더욱 상세히 언급된다. 아파테이아의 표지는 무엇보다 생각들로 인해 더 이상 동요되지 않는 것이다. 이 복된 아파테이아는 항구하게 프락티케에 전념하는 수도승이 도달하고자 하는 목표다. 그러나 아파테이아는 그 자체를 목적으로 하지 않고 더 높은 목표인 영적 인식을 향해 있다. 사실 아파테이아 없이 영적 인식을 맛보기는 불가능하다.[106]

---

[104] *PT* 29 참조.
[105] 참조: *PT* 29; 91.
[106] 참조: *PT* 1-3; 머리말 8.

ΤΟΥ ΑΥΤΟΥ ΛΟΓΟΣ ΠΡΑΚΤΙΚΟΣ

프락티코스

본문

에바그리우스가

I. 머리말[107]

[1] 친애하는 형제 아나톨리우스여, 최근 그대는 거룩한 산에서 스케티스[108]에 있는 나에게 이집트 수도승의 의복[109]이 지니는 상징적 의미를 설명해 달라고 청하는 편지를 보냈습니다. 사실 그대는 이집트 수도승의 의복이 다른 사람들의 의복과 다른 것은 까닭 없는 우연이 아니라고 생각했습니다. 따라서 우리는 이 문제에

---

[107] 에바그리우스가 아나톨리우스(Anatolius)에게 보낸 편지다. 팔라디우스의 『라우수스의 역사』에 언급되는 동명의 인물과 같은 인물일 가능성이 있다. 『라우수스의 역사』에 따르면, 아나톨리우스는 스페인 가문 출신으로 로마의 부유한 고관이며, 에바그리우스와 매우 가까웠던 로마인 알비누스(Albinus)의 친척이다. 그가 세상을 포기하고 팜부스(Pambus) 압바를 찾아갈 때 그에게 엄청난 양의 금을 가져갔다고 한다. 훗날 예루살렘 근교 올리브 산('거룩한 산')에 있는 멜라니아(Melania)와 루피누스(Rufinus)의 공동체에서 수도승이 되었다(*SC* 171, 482-3 참조; EVAGRIO PONTICO, *Per conoscere lui*, 186).

[108] 에바그리우스는 스케티스(Scetis) 사막에서 약 40km 떨어진 켈리아(Kellia, Celle) 사막에서 살았다. 여기서 '스케티스'란 용어는 넓은 의미로 이해해야 한다. 에바그리우스는 자기 수신인, 곧 아나톨리우스의 관점에서 '스케티스'란 말을 사용하고 있는 것이다. 니트리아(Nitria), 켈리아와 더불어 스케티스는 당시 이집트 사막에 형성된 수도승생활 중심지 전체를 대표할 만큼 잘 알려진 이름이기 때문이다(H.G. EVELYN WHITE, *The Monasteries of the Wadi'n Natrû*, Part II: *The History of the Monasteries of Nitria and of Scetis*, New York 1932, 30 참조).

[109] 이집트 수도승, 특히 니트리아와 스케티스 수도승의 의복에 관해서는 무엇보다 에바그리우스의 이 본문과 요한 카시아누스와 『사막 교부들의 금언집』(*Apophthegmata Patrum*)을 통해서 알려졌다(*SC* 171, 484 참조).

대해 거룩한 교부들에게 배운 모든 것[110]을 그대에게 알려 주고자 합니다.

[2] 쿠쿨라[111]는 우리 구세주 하느님의 은총을 상징합니다. 그것은 언제나 때려서 상처를 입히려고 애쓰는 자들 때문에 영혼의 가장 중요한 핵심 기관[112]인 이성을 보호하고, 그리스도 안에서의 어린아이[113]를 따뜻하게 해 줍니다. 그러므로 머리 위에 이것을 걸치는 사람들은 힘껏 이렇게 노래합니다. "주님께서 집을 지어 주지 않으시면 그 짓는 이들의 수고가 헛되리라. 주님께서 성읍을 지켜 주지 않으시면 그 지키는 이의 파수가 헛되리라"(시편 127,1). 이 말은 겸손을 낳고, 아침에

---

[110] 에바그리우스는 수도복의 각 부분에 상징적 가치를 부여한 최초의 인물인 듯하다. 이 점에 관하여 그가 의존하고 있는 전통은 대사제의 의복에 관한 알렉산드리아의 필론의 주석이다. 이는 오리게네스를 통해서 전해졌고 에바그리우스 자신이 다시 받아들였다(*KG* IV, 48-79). 이집트 수도승의 의복에 관해서 요한 카시아누스는 에바그리우스의 상징적 해석에서 영감을 받았다. 이 또한 익명의 사막 교부의 금언 Nau 55(*PL* 73, 933 A) 등 여러 곳에서 언급된다. 요한 카시아누스는 소조메누스(Sozomenus)와, 에바그리우스의 이 본문을 자주 인용하는 가자(Gaza)의 도로테우스(Dorotheus)에게 영향을 주었다(*SC* 171, 484 참조).

[111] 요한 카시아누스 이래 쿠쿨라(cucula)는 목까지 내려오는 머리에 쓰는 두건이다. 그리스어 쿠쿨리온(κουκούλλιον)의 라틴어 번역어.

[112] '영혼의 가장 중요한 핵심 기관': 그리스어로는 헤게모니콘(*hegemonikon*)이다. 그리스 교부 문학에도 등장하는 스토아 학파의 이 용어를 에바그리우스는 가끔 '이성'과 동일한 의미로 사용한다(EVAGRIO PONTICO, *Per conoscere lui*, 190 참조).

[113] '그리스도 안에서의 어린아이': 1코린 3,1 참조. 에바그리우스는 '엉석 어린아이'에 대한 주제를 오리게네스에게서 차용했다(오리게네스 『마태오 복음 주해』 XIII, 16 참조).

떠오르는 샛별(Lucifer)을 땅에 떨어지게 한(이사 14,12 참조) 근원적 악, 교만을 뿌리 뽑습니다.[114]

[3] 손의 노출[115]은 삶의 모습에 위선이 없음을 나타냅니다. 사실 헛된 영광[116]은 늘 사람들에게서 오는 영광[117]을 추구하고, 신앙을 몰아내면서 덕을 숨기고 그늘지게 하는 놀라운 힘을 가지고 있습니다. 주님께서는 "자기들끼리 영광을 주고받으면서 한 분이신 하느님에게서 받는 영광은 추구하지 않으니, 너희가 어떻게 믿을 수 있겠느냐?"(요한 5,44)라고 말씀하십니다. 선은 다른 것을 위해서가 아니라, 그분 자신을 위해서 선택되어야 하기 때문입니다. 이것이 받아들여지지 않는다면, 선의 성취에로 우리를 움직이는 것이 행해진 선보다 훨씬 소중한 것으로 나타날 것입니다. 이것이 얼

---

[114] '루치펠'(Lucifer)은 본디 샛별 혹은 금성을 뜻하는 라틴어인데, 이사 14,12에 대한 교부들의 주해에서는 악령들의 왕(마왕)에게 적용되었다. 이사 14,12에서는 이 용어가 이교의 폭군(아마 근자에 죽은 사르곤 2세)을 가리킨다. 이사야는 그의 죽음을 교만의 당연한 결과로 묘사한다(J. DRISCOLL, *The 'Ad Monachos' of Evagrius Ponticus*, 13 참조).

[115] '손의 노출'은 콜로비온(κολοβίον)이라는 의복의 착용에 기인한다. 이것은 4세기에 널리 착용된 아마포로 된 소매 없는 외투다. 이에 대한 상징적 의미는 요한 카시아누스, 소조메누스, 도로테우스와는 약간의 차이가 있다. 소매가 없다는 것은 수도승이 이교적 행위들을 끊어 버려야 한다는 것을 상징한다(SC 171, 486-7 참조).

[116] '헛된 영광'은 덕의 광채를 감소시키며 덕을 사라지게 한다. 헛된 영광의 악령은 다른 악령들에 대한 승리 후에 이 승리의 열매를 파괴하기 위하여 따라온다(참조: *PT* 30; 31).

[117] '사람들에게서 오는 영광'이란 표현은 1테살 2,6에서 유래한다.

마나 불합리한지는 어떤 것을 하느님보다 더 좋다고 생각하고 말하는 극단적 경우에서 볼 수 있습니다.

[4] 십자가의 형태로 그들의 어깨를 덮는 스카풀라레[118]는 그리스도께 대한 신앙을 상징합니다. 그리스도는 온순한 이들을 일으키시고(시편 147,6 참조), 방해하는 자들로부터 언제나 그들을 보호하시며, 방해받지 않는 일을 그들에게 마련해 주십니다.

[5] 허리를 감싸는 띠[119]는 모든 불결함을 몰아내고, "남자는 여자와 관계를 맺지 않는 것이 좋다"(1코린 7,1)라고 선언합니다.

[6] 멜로테[120]를 걸치는 것은, "언제나 예수님의 죽음

---

[118] 스카풀라레(scapulare): 그리스어로는 아날라보스($ἀνάλαβος$). 일할 때 방해받지 않도록 소매 없는 외투인 콜로비온($κολοβίον$)을 고정시키는 역할을 한다. 이 의복의 기능은 '방해 없는 활동'을 뜻하는 '아날라보스'에서 유래한다. 이러한 상징성은 의복의 형태가 아닌 이름과 역할에 바탕을 두고 있다(SC 171, 488-9 참조).

[119] 허리띠(cintura)의 경우, 에바그리우스는 알렉산드리아의 필론으로 거슬러 올라가는 전통적 상징주의를 다시 취하고 있다. 필론에 따르면, "띠는 쾌락과 모든 욕정을 졸라매는 것을 상징한다"(Leg. III, 153-4). 이러한 상징주의를 받아들인 오리게네스는, "정결하게 사는 사람들은 허리띠를 가지고 있다"(『루카 복음 강해』 80: SC 87, 536-7)고 말한다. 허리는 욕정의 본거지며 '띠'를 매는 부위다. 바실리우스, 나지안주스의 그레고리우스, 니사의 그레고리우스에게도 '띠'는 이와 동일한 상징적 의미를 지닌다(SC 171, 489 참조).

[120] 멜로테(mélote)는 명칭이 암시하고 요한 카시아누스가 정확히 언급하듯이 양 가죽이니 염소 가죽으로 된 일종의 망토다. 칠십인역에서 이 명칭은 예언자들, 특히 엘리야의 망토에 부여된다. 전통적 주석에 따르면 짐승 가죽은 고행의 상징이다(SC 171, 489-90 참조).

을 몸에 짊어지고 다니며"(2코린 4,10), 육체의 모든 비이성적 욕정에 부리망을 씌우고, 선에 참여함으로써 영혼의 악들을 제거하고, 가난[121]을 사랑하며 우상숭배의 어머니인 탐욕(콜로 3,5 참조)을 몰아내기 때문입니다.

[7] 지팡이는 그것을 붙잡는 모든 사람에게 생명의 나무[122]이며, 주님께 의지하듯 그것에 의지하는 사람들에게는 확고한 지주입니다(잠언 3,18 참조).

[8] 이상은 수도복이 상징하는 것들입니다. 교부들은 이 수도복을 수여할 때마다 젊은 수도승들에게 이렇게 말합니다. "오 아들아, 신앙은 하느님께 대한 두려움을 통해 강화되고, 고행은 이 두려움을 강화한다. 항구함과 희망을 통해 고행은 흔들림이 없어지고, 그것들로부터 아파테이아*apatheia*[123]를 얻게 되는데, 아파테이아는 사랑*agape*이라는 자손을 가지고 있다. 사랑은 자연학[124]▶으로 들어가는 문이다. 신학이 그 뒤를 잇고 마지막으로 지복至福이 온다."

---

[121] 여기서 에바그리우스는 바실리우스에게 의존하는 것 같다. 바실리우스는 자신의 규칙서에서 수도복이 지녀야 하는 가난을 강조하기 위하여 예언자들이 입는 염소 가죽과 '멜로테'를 언급하고 있다(*Reg. fus. tract.* XXII, *PG* 31, 977 B-C 참조).

[122] '지팡이는 생명의 나무'라는 에바그리우스의 이 정의는 생명의 나무를 그리스도와 동일시힌다. 잠언 3,18은 '지혜'와 관련된다. 오리게네스로 대표되는 전통은 지혜와 관련되는 성경의 표현들을 그리스도께 적용한다(*SC* 171, 491 참조).

[123] 각주 68과 해제 '6.4. 아파테이아' 참조.

[9] 거룩한 수도복의 의미와 원로들의 가르침에 관해서는 이 정도로 설명하고, 이제 수행생활과 관상생활[125]에 관해 설명하고자 합니다. 우리는 우리가 보고 들은 모든 것을 말하려는 것이 아니라, 다른 사람들에게 말하도록 교부들에게 전해 들은 바[126]를 이야기하려 합니다. 수행적 가르침은 100개의 장으로, 영지적 가르침은 50개의 장과 다시 600개의 장으로 짧게 나누어 요약했습니다.[127] '거룩한 것을 개에게 주거나 진주를 돼지 앞에 던지지 않기 위하여'(마태 7,6 참조) 더러는 감추었고, 또 더러는 모호하게 하여 잘 드러나지 않게 했습니다. 그러나 같은 길을 가는 사람들에게는 분명히 드러날 것입니다.

---

[124] '자연학'은 '창조된 자연에 대한 인식'이다. 이는 '하느님에 대한 인식'을 뜻하는 '신학'과 구분된다(*SC* 171, 492 참조).

[125] '관상생활'의 그리스어는 '영지(靈知)적 삶'을 뜻하는 비오스 그노스티코스(βίος γνωστικος, *bios gnostikos*)다. 에바그리우스에게 '영지적 삶'이란 하느님을 아는 삶이다. 그는 이 삶을 자연에 대한 관상(자연학, *physikè*)과 하느님에 대한 관상(신학, *theologikè*)으로 나눈다(참조: *PT* 1; 84). 따라서 여기서 사용되는 '관상', '인식', '학문', '영지' 등은 모두 그리스어 그노시스(γνῶσις, *gnosis*)를 번역한 것으로 동일한 의미로 알아들으면 된다. 에바그리우스에 따르면, 수행생활(프라티코스)과 관상생활(그노스티코스)은 영성생활을 구분하는 두 개의 큰 부분이다.

[126] 에바그리우스는 자신의 가르침을 사막 수도승들의 전통적 가르침에 지나지 않는 것처럼 말한다.

[127] 여기서 에바그리우스는 자신이 하나로 묶고 있는 세 작품, 『프라티코스』 『그노스티코스』 『케팔라이아 그노스티카』를 언급한다. 이 세 작품 가운데 『프라티코스』를 제외한 다른 작품들의 그리스어 사본은 전해 오지 않는다(참조; *SC* 171, 493; 허성석 엮음 『수도 영성의 기원』 134-5).

II. 수행론 100장

1. 그리스도교는 우리 구세주 그리스도에 대한 가르침이다. 이 가르침은 '프락티케'와 '퓌시케', 그리고 '테올로기케'로 구성된다.[128]

2. 하늘 나라는 실재들에 대한 참된 인식과 함께 영혼의 '아파테이아'다.[129]

3. 하느님 나라는 정신의 능력으로 확대되며, 부패하지 않는 탁월한 능력을 정신에 부여하는 성삼위에 대한 인식이다.[130] ▶

---

[128] 프락티케(*praktikè*), 퓌시케(*physikè*), 테올로기케(*theologikè*)는 에바그리우스에 따른 영성생활의 세 단계를 나타낸다. 프락티케(수행)는 이 작품에서 구체적으로 다루고 있고, 퓌시케는 테올로기케의 앞 단계로서 자연학(*gnosis physikè*) 혹은 피조물에 대한 관상(*theoria*)이다. 테올로기케는 하느님에 대한 인식 혹은 학문(신학)이다. 이것은 사변적 신학을 뜻하지 않는다. 뒤 두 단계는 함께 그노스티케(*gnostikè*)를 구성한다. 에바그리우스는 이 책에서 프락티케에 대해 상론하기 전에 뒤에 나오는 두 장에서 퓌시케와 테올로기케를 정의한다. 여기서 그는 프락티케를 영성생활에 포함시키면서, 그 자체로는 어떤 목적도 가지지 않는다는 것을 보여 준다(*SC* 171, 498-9 참조).

[129] 에바그리우스는 성경의 동일한 두 표현 '하늘 나라'와 '하느님 나라'를 구분한다. 오리게네스도 '하느님 나라'와 '그리스도의 나라'를 구분했다(*De oratione*. 25 참조). 여기서 '하늘 나라'는 수행(*praktikè*)의 목표인 아파테이아를 통해 도달하는 자연학, 혹은 존재들에 대한 학문(인식)이다. 『케팔라이아 그노스티카』에서는 "하늘 나라는 존재들에 대한 관상"(*KG* V, 30)이라고 말한다. 에바그리우스가 여기서 '하늘 나라'라고 부르는 것을 다른 곳에서는 '그리스도의 나라(왕국)'라고 부른다. '존재들에 대한 인식'은 영적 세계를 목표로 삼기 때문에 '하늘 나라'라는 성경의 표현은 적절하다(*SC* 171, 499-500 참조).

4. 인간은 반드시 자기가 사랑하는 것을 추구한다. 그리고 자기가 추구하는 것을 얻기 위하여 분투한다. 모든 쾌락이 그런 갈망에서 비롯된다면 갈망은 감각에서 생겨난다. 감각에 종속되지 않는 사람은 욕정에서도 자유롭기 때문이다.[131]

5. 악령들은 독수도승을 거슬러 노골적으로 싸운다. 반면, 수도원이나 공동체 안에서 완덕에 나아가려고 노력하는 이들과 맞서 싸울 때는 형제들 가운데 가장 부주의한 이를 무기로 이용한다. 두 번째 싸움은 첫 번째 싸움보다 훨씬 더 수월하다. 지상에서 악령들보다 더 흉포하거나 그들의 모든 악행을 동시에 지지하는 사람을 발견하는 것은 불가능하기 때문이다.[132]

◂[130] 증거자 막시무스에 따르면, "사실 '하늘 나라'는 피조물의 존재 이유들(λόγοι)에 따라 피조물에 대한 인식을 얻는 일로서 이것은 하느님 안에 미리 있지도 않고 섞여 있지도 않다. 반면, '하느님 나라'는 은총을 통하여 하느님 곁에 자연적으로 존재하는 선에 참여하는 일이다"(*Centuries gnostiques* II, 90, *PG* 90, 1168 C). 이 세 장을 종합하면 이렇게 정리된다: "그리스도교는 하느님 나라, 다시 말해 성삼위에 대한 인식에로 인도해야 한다. 선행하는 두 단계는 프락티케를 통해 얻는 아파테이아와, 존재들에 대한 인식 혹은 하늘 나라다"(*SC* 171, 503 참조).

[131] 에바그리우스는 감각을 제일 앞에 두고 시작한다. 감각은 갈망과 다른 모든 욕정을 낳는다. 그러므로 아파테이아에 도달하려면 감각들로부터 자유로워져야 한다. 달리 말하면 은둔(*anachoresis*: 세상으로부터의 분리)을 실천할 필요가 있다. 그러나 다음 장에서 언급되는 것처럼, 은둔이 악령으로부터의 피난처는 아니다. 따라서 은둔을 실천한다고 해서 욕정으로부터 해방되는 것은 아니다(*SC* 171, 503 참조).

1. 여덟 가지 생각

6. 모든 생각을 포함하는 발생학적[133] 생각은 모두 여덟 가지다. 바로 탐식·음욕·탐욕·슬픔·분노·아케디아·헛된 영광·교만이다. 이 모든 생각이 영혼을 괴롭히느냐 괴롭히지 않느냐는 우리 능력 밖에 있다. 하지만 그 생각들이 영혼 안에 머무르느냐 머무르지 않느냐, 욕정을 일으키느냐 일으키지 않느냐는 우리에게 달렸다.

7. 탐식에 대한 생각은 수도승에게 위, 간, 비장, 수종水腫과 오랜 질병, 생존 수단의 결핍, 그리고 의학적 치료의 부재不在에 대한 염려를 불러 일으켜 금욕적 수행을 즉시 포기하도록 유혹한다. 또한 이 고통에 빠진 형제들을 자주 떠올리게 한다. 이따금 이런 고통을 겪는 사람을 설득하여 고행을 실천하는 사람에게 접근하게 한 후, 자신의 불행을 드러내고 마치 금욕적 수행

---

[132] 악령들은 독수도승과는 중개자 없이 직접 맞서 싸우는 반면, 회수도승을 거슬러서는 사람들을 매개로 하여 싸운다. 여기서 안토니우스의 생애를 통해 밝혀진 사막 영성의 근본 개념이 나타난다. "수도승은 고독 속으로 물러나면서 악령과 직접 맞닥뜨린다"는 생각이다. 악령들이 자기 대신 싸우도록 이용하는 사람은 악령 자체보다는 위험스럽지 않다. 어떤 사람이 악령만큼 분노나 악의로 행동하는 것은 불가능하기 때문이다. 그런 사람은 사실 악령이 될 것인데, 에바그리우스의 형이상학에 따르면 이는 인간과 악령이 본성의 차이에 의해서가 아니라, 악령들의 과도한 분노와 악의에 의해서 구분되기 때문이다(SC 171, 505-6 참조).

[133] 발생학적(γενικώτατοι): 스토아 학파가 욕정의 분류에 사용한 형용사로, 가장 일반적인 여덟 가지 생각이 다른 생각들을 낳는다는 뜻이다.

때문에 자기가 그렇게 되어 버린 것처럼 이야기하게 한다.[134]

8. 음욕의 악령은 육체의 다양한 욕망을 자극하며, 고행을 실천하는 사람을 더욱 강하게 공격한다. 이런 고행을 통해서는 아무것도 얻을 것이 없다고 느끼게 만들어 고행을 중단시키기 위해서다. 이 악령은 영혼을 불순한 종류의 수행에 떨어지게 하고 영혼을 더럽히며, 마치 눈에 보이는 실체가 실재하는 것처럼 영혼에게 뭔가를 말하고 듣게 하는 기술을 가지고 있다.

9. 탐욕은 긴 노년과 손노동에 있어서의 무능력, 미래의 굶주림과 질병, 궁핍의 고통 그리고 남들에게 생필품을 받는 데 따르는 수치심을 떠오르게 한다.

10. 슬픔은 갈망하는 것을 얻지 못한 데서 생기며 이따금 분노를 동반한다. 욕구의 결핍에서 기인한 슬픔은 이렇게 발생한다: 먼저 어떤 생각들이 영혼을 가정과 부모에 대한 기억이나 이전 삶에 대한 기억으로 이끈다. 이런 생각들은 영혼이 저항 없이 그것을 따르며 본성상 정신적 쾌락에만 자신을 내맡기는 것을 보면서, 영혼을 사로잡아 슬픔에 빠지게 한다. 이는 영혼이

---

[134] 여기서 '생각'은 완전히 인격하되고 악령 자체와 동일시된다. 앞의 두 장과 마찬가지로 이 장도 요한 클리마쿠스에 의해 재인용된다(*SC* 171, 511 참조).

탐닉해 있던 이런 생각들이 더는 남아 있지 않은 데서 오는 결과다. 사실 그것들은 영혼의 현재 생활 방식 때문에 실재할 수 없다. 그래서 비참해진 불행한 영혼은 과거에 대한 생각에 사로잡힐수록 그만큼 더 의기소침해진다.[135]

11. 분노는 가장 격한 욕정이다. 그것은 우리에게 불의를 행했거나 행한 것처럼 보이는 사람에 대한 흥분과 영혼의 동요다. 분노는 영혼을 온종일 성나게 하지만, 무엇보다 기도 중에 우리를 슬프게 한 사람의 얼굴을 떠올리며 정신을 빼앗는다. 이따금 오래 지속되고 격노로 바뀌면서 밤에 동요와 체력 소모, 창백함과 위험한 야수들의 습격을 야기한다. 격노가 야기하는 이 네 가지 결과는 많은 생각을 동반한다.[136]

12. '정오의 악령'(시편 91,6 참조)이라고도 부르는 아케디아akedia[137]▶의 악령은 모든 악령 가운데 가장 사악한

---

[135] 요한 카시아누스의 경우 '슬픔'이 '분노' 다음에 오는데, 이 순서는 심리학적 관찰에 토대를 두고 있음이 분명하다. 그러나 여기서 에바그리우스는 '때때로 슬픔이 분노의 결과'라는 점을 단순하게 지적하고 있다.

'어떤 생각들': 여기서 이 생각들은 '악령들'과 동일시된다. 그것들은 연속적으로 작용하면서 두 부류로 나누어지는데, 첫째 부류는 이 세상의 것들에 집착하도록 자극하여 '슬픔'을 낳게 한다. 둘째 부류는 또 다른 상황을 야기하는데, 곧 '실망'이다(SC 171, 516 참조).

[136] 기도의 순간에 분노가 야기하는 표상들에 관해서는 23장과 『어러 악한 생각에 관하여』 27장, 그리고 『기도론』 45장을 참조하라. 밤의 공포와 악몽들은 영혼의 정념부의 동요인 분노를 통해서 일어난다. 그리고 체력 소모는 두려움의 영향을 받는다(SC 171, 519-20 참조).

놈이다.[138] 그는 제4시(오전 10시)경 수도승을 공격하여 제8시(오후 2시)까지 수도승의 영혼을 포위한다. 먼저 그는 태양이 더디게 움직이거나 멈추어 버린 것처럼, 마치 하루가 50시간인 것처럼 느끼게 한다. 또 수도승이 시선을 계속 창밖으로 향하도록, 독방에서 밖으로 뛰쳐나가도록, 제9시(오후 3시)[139]가 됐는지 알려고 태양을 주시하도록, 형제들 가운데 누군가 오고 있는지 보려고 두리번거리며 살피도록 부추긴다. 그런 다음 수도승에게 그의 거처와 단조로운 일상, 그리고 손노동에 대한 혐오를[140] 불러 일으킨다. 형제들 사이에 사랑이 사라졌고 자기를 위로할 사람이 아무도 없다는 생각을 하게 한다. 이 시기에 누군가 그를 슬프게 한다면, 악령은 이것도 혐오를 더하는 기회로 이용한다. 또한 악령

---

[137] 아케디아(ἀκηδία)는 '영적 태만' 혹은 '영적 무기력' 등으로 번역될 수 있는데, 이는 독수도승생활에 연결된 영혼의 한 상태다. 이 장은 아케디아에 대해서 언급하는 요한 카시아누스의 『제도서』 10권뿐 아니라, 요한 클리마쿠스에게도 영향을 미쳤다. '정오의 악령'이라는 표현은 시편 91,6에서 유래한다(SC 171, 521-2 참조).

[138] 가장 사악한 놈(βαρύτατος): 직역하면 '가장 무거운 놈'이다. 이 표현은 에바그리우스 이래 전통적으로 아케디아의 악령을 특징짓는다.

[139] 고대 수도승들은 하루 한 끼 식사했는데 그 시간이 바로 제9시였다 (참조: AP, 안토니우스 34, PG 65, 85 D - 88 A; AP, 마카리우스 33, PG 65, 276 C). 아케디아에 빠진 수도승은 식사 시간을 기다리며 자주 태양을 주시하곤 했다.

[140] 손노동에 대한 혐오는 아케디아의 특징적 면모 가운데 하나다. 손노동을 혐오할 때 아케디아는 게으름으로 나타난다. 요한 카시아누스는 이를 『제도서』 10권에서 더 상세히 언급한다.

은 필요한 것을 쉽게 얻을 수 있고 작은 노력으로 더 큰 수익을 남길 수 있는 다른 일터에 대한 갈망을 수도승 안에 불러 일으킨다. 어디서든 하느님께 예배드릴 수 있다(요한 4,21-24 참조)고 성경에서 말하고 있기 때문에, 주님을 기쁘게 해 드리는 것은 장소에 달려 있지 않다고 그를 부추긴다. 악령은 이런 생각에다 부모와 옛 생활 방식에 대한 기억을 결부시킨다. 그는 수도승의 머릿속에 인생은 길고 영적 수행은 수고스럽다는 생각을 불어넣는다. 한마디로 악령은 수도승이 독방을 떠나 이른바 경기장(1코린 9,24 참조)[141]에서 달아나게 하기 위해 온갖 수단을 동원한다. 이놈을 따라올 악령은 어디에도 없다. 반면 영혼이 승리하면 영혼 안에 평화와 형언할 수 없는 기쁨(1베드 1,8 참조)이 생겨난다.

13. 헛된 영광에 대한 생각은 매우 미묘하여 덕스러운 사람에게 쉽게 스며든다. 헛된 영광으로 인해 수도승은 자신의 투쟁을 공적으로 드러내고 사람들에게서 오는 영광을 추구한다. 이것 때문에 수도승은 울부짖는 악령들과 치유된 여성들과 그의 겉옷을 만지는 군중을 상상한다. 또한 그에게 사제직을 예언하고 그를 만나려고 문 두드리는 사람들을 떠올리며, 그가 그들

---

[141] '영적 투쟁'을 의미한다.

의 요구를 들어주지 않으면 그들이 어떻게 그릇된 길로 빠져 포로가 되는지 보여 준다. 수도승이 이런 식으로 헛된 희망에 사로잡힐 때, 이 악령은 사라지고 그의 희망을 거스르는 생각을 불러 일으키는 교만이나 슬픔의 악령에게 그를 넘겨준다. 때로는 수도승이 포로가 되고 거룩한 사제가 되기 직전에 그를 음욕의 악령에게도 넘긴다.[142]

14. 교만의 악령은 영혼을 가장 심한 타락으로 이끈다. 실제로 이 악령은 영혼에게 하느님의 도우심을 인정하지 못하게 하고, 자기가 선행의 원인이라고 믿게 한다. 그리고 자신의 이런 면모를 몰라주는 형제들을

---

[142] '사람들에게서 오는 영광'(참조: 1테살 2,6; 요한 5,44; *PT* 머리말 3). 영혼을 사로잡는 이 악령은 자신의 투쟁을 공적으로 드러내고 싶어 하고 영광을 추구한다.
'울부짖는 악령들': 수도승과의 싸움에서 패배한 악령들.
'그의 겉옷을 만지는': 하혈하는 여자가 치유되기 위해 예수님의 겉옷을 만지는 행위다(마르 5,27 참조).
'그에게 사제직을 예언하다': 『사막 교부들의 금언집』과 다른 수도승 원전들은 겸손 때문에 사제직을 거부하다가 강제로 사제직을 수여받는 수도승들에 대해 언급하는데, 그 가운데는 켈리아의 사제가 된 이삭 압바도 있다. 알렉산드리아의 테오필루스가 에바그리우스를 주교로 축성하기 위해서 그를 데려갔지만, 에바그리우스는 도망쳤다. 이런 행동은 고대 교회에서 하나의 관습으로 널리 정착되었다.
'그를 만나려고 문 두드리는 사람들': 그에게 영적 조언을 구하려고 찾아오는 사람들.
'이 악령은 사라지다': 43장 끝 부분과 같은 표현이다.
'교만의 악령에게 그를 넘겨주다': 헛된 영광과 교만의 악령을 연계하는 문제는 『여덟 가지 영』 17장('헛된 영광의 현존은 교만을 알린다')에서 더 강하게 묘사된다(*SC* 171, 528-31 참조).

어리석은 자로 여겨 그들에게 거만을 떨게 한다. 분노와 슬픔이 이 악령에 뒤따라온다. 마침내 가장 큰 질병이 그에 잇따라 오는데 허공에서 악령의 무리를 보는 정신착란이다.

2. 치료법[143]

15. 독서와 밤샘, 그리고 기도는 산만한 정신을 안정시킨다. 굶주림과 수고와 고독은 불타는 갈망을 잠재운다. 시편 낭송과 인내와 자비는 흥분한 영혼을 진정시킨다. 그러나 이 모든 수행은 적절한 때 적당한 정도로 이루어져야 한다. 극단적으로 무리하게 행해진 것은 잠시밖에 지속되지 못한다. 잠시 지속되는 것들은 오히려 해롭고 무익하다.[144]

16. 우리 영혼이 다양한 음식을 갈망할 때, 빵과 물의 양을 줄일 것이다.[145]▶ 포만[146]▶은 다양한 음식을 갈망하는데, 허기는 빵만으로 채우는 것을 복되게 여긴다.

17. 물을 적게 마시는 것은 절제에 큰 도움을 준다.

---

[143] 15-33장은 여덟 가지 주요 악습에 적용할 치료법을 다룬다.

[144] 이 장은 뒤이은 장들에 비해 일반적 특성을 지니고 영혼의 세 부분에 따른 다양한 치료법을 제시한다

수고(κόπος): 손노동뿐 아니라 생활양식의 벅참이나 불편 등을 뜻한다. 이집트 수도승생활에서 이에 대한 근본적인 언급은 『사막 교부들의 금언집』에서 볼 수 있다. 여기서는 수도승생활을 코포스(κόπος)로 정의한다 (참조: AP, 난장이 요한 37; 포이멘 44).

기드온과 함께 미디안을 정복한 삼백 명의 이스라엘인을 보면 납득이 간다(판관 7,5-7 참조)[147]

18. 삶과 죽음이 한 사람에게 동시에 일어나는 일이 불가능하듯, 사람에게 사랑과 재물이 동시에 존재하는 것도 불가능하다. 사랑은 재물의 파괴자일 뿐 아니라 현세 생활 자체의 파괴자이기도 하다.[148]

19. 모든 세속적 쾌락을 멀리하는 사람은 슬픔의 악령이 접근할 수 없는 망루다.[149] 슬픔은 실재하거나 갈망하는 쾌락의 결핍이다. 우리가 지상의 어떤 대상들에 애정을 쏟는다면 이 적을 몰아내기란 불가능하다.

---

[145] '빵과 물을 절제할 것이다'로 이해해도 된다. 스케티스와 켈리아의 수도승들에게 이것은 통상적 관습이었다. 요한 카시아누스의 『담화집』에는 하루 양식으로 작은 빵 두 개, 즉 한 리브라(libra)로 한정된다(『담화집』 II,19 참조). 한 리브라는 약 300그램이다. 여기서는 포만을 피하기 위해 소비량을 줄일 것을 권고한다. 포만은 다양한 음식을 갈망하게 하는 탐식의 악령에서 오는 유혹들에 떨어지게 하기 때문이다. 요한 클리마쿠스도 이 장을 일부 인용하고 비평한다(『천국의 사다리』 14 참조).

[146] 탐식의 치료법은 포만을 피하는 것이다.

[147] 물을 적게 마시는 것은 음욕의 치료법이기도 하다. 『수도승을 위한 권고』에도 음욕을 피하려면 물을 적게 마시라는 권고가 나온다. "저울에 너의 빵을 달고 네가 마시는 물을 측정하여라. 그러면 음욕의 영이 너에게서 달아날 것이다"(AM 102). 『이집트 수도승들의 역사』에는 에바그리우스가 방문객들에게 물을 과하게 마시지 말도록 권고했다고 한다. 악령들은 물이 있는 곳에 줄곧 드나들기 때문이다(SC 171, 543 참조).

[148] 사랑은 부와 현세 생활의 파괴자이므로 이 단어의 바오로계 의미로 사랑은 일종의 죽음이다. 이 단어를 통하여 우리는 정신의 참된 삶인 '인식'에 도달한다. 사랑은 '인식의 문'이기 때문이다(SC 171, 546-7 참조).

[149] 세상의 쾌락에서 도피하는 것이 바로 슬픔의 치료법이다. 슬픔은 갈망하는 것의 결핍에서 유래한다. 쾌락은 갈망에서 시작된다(PT 4 참조).

우리가 쓰러지는 것을 보면 악령은 바로 거기에 올가미를 놓아 슬픔을 만든다.

20. 분노와 미움은 증오심을 키운다. 동정과 온유는 있는 증오심조차 감소시킨다.[150]

21. 해 질 때까지 분노를 품고 있지 마라. 이는 밤에 악령들이 다가와 영혼을 공포에 떨게 하거나 다음 날의 전투에서 정신을 더 소심하게 하지 못하도록 하기 위함이다(에페 4,26 참조). 영혼의 동요는 자연히 무서운 환상을 일으킨다. 정신을 도망자로 만드는 데 동요하는 영혼보다 나은 것은 없다.[151]

22. 영혼의 정념부가 번번이 변명하며 몹시 동요할 때, 악령들은 고독이 아름답다고까지 속삭이며 우리가 슬픔의 원인을 해결하기보다는 동요를 피하도록 유혹한다. 그러나 욕망부가 달궈질 때, 반대로 악령들은 우리가 사교적이 되거나 거칠고 사나워지도록 부추긴다.

---

[150] 20-26장까지는 분노에 관한 것이다. 에바그리우스는 이 악습에 큰 비중을 두면서 그 위험성을 보여 준다. 이 장에서 그 이유가 제시된다. 즉, 분노는 영혼의 정념적 요소인 튀모스(thymos)를 중대시키며, 우리를 악령과 같은 상태로 이끄는 효력을 지닌다. 사실 악령은 영혼의 정념부를 지배하는 단순한 이성적 존재다. 온유는 분노에 반대된다(SC 171, 548-9 참조).

[151] 안토니우스는 수도승들에게, 바오로 사도가 에페소인들에게 말씀하시는바(에페 4,26: "화가 나더라도 죄는 짓지 마십시오. 해가 질 때까지 노여움을 품고 있지 마십시오")를 계속 묵상하라고 권고한다. 그에게 이 권고는 분노뿐 아니라 모든 일반적 형태의 과오에 대해서도 유효하다(『안토니우스의 생애』 55 참조). 영혼의 정념부가 방해받으면 정신의 정상적 활동, 곧 관상에 지장을 초래한다(KG V,27 참조).

이는 우리가 육체의 욕망을 느끼는 동안 육체에 걸려 넘어지게 하기 위함이다. 그러므로 그들에게 순종하지 말고 오히려 그 반대로 행해야 한다.[152]

23. 그대를 슬프게 한 사람과 마음으로 다투면서 자신을 분노에 넘기지 마라. 또 계속 쾌락을 꿈꾸면서 음욕에 넘기지도 마라. 그것은 한편으로는 영혼을 어둡게 하며, 다른 한편으로는 욕정에 불타도록 영혼을 초대한다. 이 두 경우 모두 그대의 정신을 오염시킨다. 기도 중에 환상에 사로잡혀 하느님께 순수한 기도를 바치지 못하면 그대는 즉시 아케디아의 악령에 떨어지게 된다. 이 악령은 무엇보다 이런 상태에서 나타나며, 개의 모습으로 새끼 사슴과 같은 영혼을 갈기갈기 찢는다.[153]

24. 정념부의 본성은 악령과 싸우는 것이며 어떠한 쾌락에도 맞서는 것이다. 따라서 천사들은 영적 쾌락과 그것에 따라오는 지복을 우리에게 제시하면서 우리

---

[152] 켈리아의 반(半)독수도승 에바그리우스는 수도승들에게 고독 속에서도 형제들과 원만한 관계를 맺으라고 권고했다. 그래서 이 장에서는 이중의 행동이 권고된다. 어떤 수도승이 분노와 같은 욕정에 시달릴 때는 고독을 추구하는 것이 위험하지만, 반대로 음욕의 악령에게 공격받을 때는 고독으로 나아가는 것이 도움이 된다고 한다. 이처럼 에바그리우스는 악령이 제시한 것과 반대의 행동을 하라고 권고한다.

[153] 분노는 음욕과 마찬가지로 정신을 너럽히고 기도를 방해한다. 분노의 악령을 통해서 아케디아에 떨어지며 기도의 방해물이 생겨난다(『기도론』 21-27 참조).

의 정념부가 악령과 대적할 것을 권고한다. 반면에 악령은 우리를 세속적 욕망으로 유인하면서 정념부가 본성에서 벗어나 사람들과 다투도록 강요한다. 이는 혼미해진 인식과 쇠퇴한 정신이 덕의 반역자가 되도록 하기 위함이다.[154]

25. 그대 자신을 살펴라(신명 15,9 참조). 이는 그대가 형제들 중 누군가를 화나게 하여 떠나가게 하지 않도록 하기 위함이며, 그대가 기도할 때 늘 걸림돌이 되는 슬픔의 악령으로 인해 삶에서 도망치지 않도록 하기 위함이다.[155]

26. 선물은 화를 가라앉힌다. 야곱을 보면 알 수 있다. 야곱은 선물로써 장정 사백 명과 함께 자기를 만나러 온 에사우의 호의를 구하였다(창세 32,7 참조). 그러나 가난한 우리는 식탁으로 결핍을 보충한다.[156] ▶

27. 아케디아의 악령에 떨어질 때 우리는 눈물과 더

---

[154] 이 장에서 에바그리우스는 정념부의 자연적 활동과 본성에서 벗어난 활동을 구별하고 있다. 영혼의 욕망부나 육체 자체와 마찬가지로 영혼의 정념부는 본디 선한 것이고, 악령과의 싸움에서 인간을 도와주도록 부여된 것이다. 이 부분은 자연적으로 쾌락을 거슬러 싸운다. 영적 쾌락이란 그노시스(*gnosis*: 영적 인식 혹은 학문)를 뜻하며, 그다음에 '지복'이 온다. 이 장은 요한 클리마쿠스의 『천국의 사다리』(*PG* 88, 985 A-B)에서도 재론된다 (*SC* 171, 556-7 참조).

[155] 오로지 분노를 피하는 것뿐만 아니라, 다른 사람을 화나게 하는 것에 대해서도 주의할 필요가 있다. 왜냐하면 다른 사람을 화나게 하는 것도 기도에 방해가 될 수 있기 때문이다.

불어 영혼을 두 부분으로 나누는데, 하나는 위로하는 부분이요, 다른 하나는 위로받는 부분이다. 우리는 우리 안에 좋은 희망을 심고(2테살 2,16 참조), 거룩한 다윗과 함께 "내 영혼아, 어찌하여 녹아 내리며 내 안에서 신음하느냐? 하느님께 바라라. 나 그분을 다시 찬송하게 되리라, 나의 구원, 나의 하느님을"(시편 42,6-7)이라고 노래한다.[157]

28. 유혹의 순간에 그럴듯한 변명으로 독방을 떠나서는 안 된다. 오히려 항구하게 독방에 앉아 있으면서 모든 공격자, 특히 아케디아의 악령을 용감히 맞아들여 대적해야 한다. 이놈은 모든 공격자 가운데 가장 고약하며, 무엇보다도 영혼을 가장 괴롭힌다. 사실 이 싸움을 멀리하고 여기서 도피하는 것은 정신을 무능하고 비겁한 겁쟁이로 만든다.[158]

29. 거룩하고 매우 실천적인 우리 스승께서 말씀하셨다. "수도승은 마치 내일 죽을 것처럼 늘 준비되어 있어야 하지만, 마치 오랜 세월 육체와 함께 살아야 하는 것처럼 육체를 사용해야 한다." 그분은 또 말씀하셨

◀[156] 분노의 치료법에 관한 마지막 장이다. 앞 장과 마찬가지로 타인의 분노로 시작하고 있다. '선물은 화를 가라앉힌다'는 구절은 잠언 21,14("몰래 주는 선물은 화를 누그러뜨리고 품속에 감춘 뇌물은 거센 분노를 가라앉힌다")에서 영감을 받았음이 분명하다. 여기시의 치료법은 환대다. 환대는 화해하는 데 좋은 수단이 된다(AM 15 참조).

[157] 27-29장은 아케디아의 치료법에 관해 논한다. 그 첫째가 '눈물'이다.

다. "전자는 '아케디아'의 생각들을 뿌리 뽑고 수도승을 더욱 열심하게 하며, 후자는 그의 육체를 건강하게 지켜 주고 늘 한결같은 고행을 유지시킨다."[159]

---

[158] '앉아 있다', 고요히 머물다($καθῆσθαι$): 독방을 지키며 헤시키아($hésy-chia$)에 머무는 수도승을 묘사하는 수도승 문학의 고유 용어다(AP, 안토니우스 11 참조).

항구하게 있다($ὑπομένειν$): 휘포모네($ὑπομονή$: 항구함)는 유혹을 무릎쓰고 독방에 머물러 있는 수도승의 덕목으로, 아케디아의 치료제다(SC 171, 564 참조).

'무능하다': 무능한 이유는 악령을 대적하는 기술을 모르기 때문이다. 이 기술은 체험을 통해 얻는다.

아케디아의 또 다른 치료법은 '독방 안에서의 항구함'이다. 에바그리우스가 12장에서 말한 대로 아케디아의 악령은 외관상 여러 합리적인 구실들을 꾸미며 수도승이 독방에서 나가도록 부추긴다(AM 55 참조). 이 장은 요한 클리마쿠스의 주석에서 인용된다(PG 88, 1104 B 참조).

[159] 매우 실천적인($πρακτικώτατος$): 프라티케($praktikè$)를 완수한 사람, 곧 '생각'과의 투쟁에서 승리하고 아파테이아에 도달한 사람을 표현하는 말이다. "늘 한결같은 고행"이라는 말에서 보듯이 이런 사람은 사변적 금욕주의자가 아니다. 에바그리우스는 "매우 실천적인 스승"으로, 주님께서 '택하신 도구'인 이집트의 마카리우스 원로(PT 93 참조)를 상정한다.

아케디아의 또 다른 치료법은 '죽음이 임박했음을 생각하는 것'이다(『안토니우스의 생애』 19 참조). 게으른 자가 되지 않으려면 "나는 날마다 죽음을 마주하고 있습니다"(1코린 15,31)라는 바오로 사도의 말씀을 묵상하는 것이 유익하다. 실제로 우리가 날마다 죽음을 마주하고 산다면 죄를 짓지 않을 것이다.

아케디아는 수도승에게 "인생이 얼마나 긴지"(PT 12) 역설한다. 아케디아를 몰아내고 항구함($ὑπομονή$) 안에서 견고해지려면 인생의 덧없음을 묵상해야 한다. 『안티레티코스』($Antirrhetikos$) VI, 25에서는 아케디아에 맞서 시편 103,15("사람이란 그 세월 풀과 같아 …")를 낭송하라고 한다.

'열심하다': 『안토니우스의 생애』 19장에 나오는 생각과 동일하다. 거기서 동사 아케디안($ἀκηδιᾶν$)은 '열성의 부족'이라는 아케디아($ἀκηδία$)의 고전적 의미만 지니며, 에바그리우스적 의미는 없다.

'고행을 유지시킨다': 매일 죽음을 준비한다고 해서 아무것도 하지 않는 것이 아니다. 에바그리우스에게 금욕적 수행($askesis$)은 육체를 파괴하는 것이 아니라 프라티케의 훈련에 필요한 것이다(SC 171, 566-71 참조).

30. 헛된 영광의 악령은 피하기 힘들다. 그것을 물리치려고 그대가 행하는 것 자체가 그대에게 헛된 영광의 새로운 근원이 되기 때문이다. 우리의 올바른 생각에 반대하는 것은 악령만이 아니다. 종종 우리가 빠지는 악습도 그러하다.[160]

31. 나는 헛된 영광의 악령이 거의 모든 악령에게 쫓긴다는 것과, 자신을 추적하는 악령들이 몰락할 때 넉살 좋게 접근하여 수도승 눈앞에 제 덕행의 위대함을 드러낸다는 것을 깨달았다.[161]

32. 인식을 얻고 거기서 기쁨을 얻은 사람은 더 이상 세상의 모든 쾌락을 제시하는 헛된 영광의 악령의 꾐에 넘어가지 않을 것이다. 사실 무엇이 영적 관상보다 더 큰 것을 그에게 약속할 수 있겠는가? 그러나 우리가 그 인식을 미처 맛보지 못했다면, 하느님 인식에 도달하는 우리의 목표를 위해 우리가 온갖 노력을 다하는

---

[160] 30-32장은 헛된 영광에 대해서 말하고 있다. '인식'에 도달하지 못하면 헛된 영광을 치료하기 힘들다.
'그대가 행한 것 자체': 헛된 영광을 쫓아내기 위해서 우리가 드러내는 겸손의 표시도 헛된 영광의 새로운 원인이 될 수 있다.
'우리가 빠지는 악습': 우리에게 습관을 낳는 악습을 뜻하는 스토아 학파의 용어로, 에바그리우스에게 자주 등장한다. 이 장의 첫 부분은 금욕적 작품들에서 자주 인용된다(*SC* 171, 571-2 참조).

[161] 헛된 영광이 또 다른 측면이다. 에바그리우스는 '나는 …을 깨달았다'라는 형식을 빌려 자신의 개인적 체험을 표현한다. 헛된 영광에 대한 생각과 다른 생각들, 특히 음욕에 대한 생각은 양립되지 않는다(*PT* 58 참조).

모습을 하느님께 보여 드리면서 열심히 수행에 전념하자.[162]

33. 그대의 옛 삶과 과거의 잘못들, 그리고 그대가 고통 중에 있으면서도 어떻게 그리스도의 자비를 통하여 아파테이아로 건너갔는지, 그대가 버리고 떠나온 세상이 얼마나 자주 그대를 비참하게 했는지를 기억하라. 또한 생각하라: 누가 그대를 사막에서 보호했는가? 누가 그대를 거슬러 이를 가는 악령들을 몰아냈는가? 이런 생각들은 겸손을 낳고 교만의 악령을 허용하지 않는다.[163]

3. 욕정

34. 우리가 어떤 것에 대해 욕정적인 기억을 가지고 있다면, 이는 우리가 이전에 그 대상을 욕정으로 받아

---

[162] 덕의 진보와 더불어 헛된 영광의 위험이 증가된다면(*PT* 31 참조), 우리가 인식 혹은 영적 관상에 도달할 때 그것은 결정적으로 물러간다. 영적 관상의 달콤함만이 헛된 영광을 물리칠 수 있다. 그러나 프라티케는 그것이 사람들로부터 오는 영광을 추구하기 위해서가 아니라, '하느님 인식'이라는 자연적 목적을 향해 정향되는 조건에서 헛된 영광을 거슬러 유효하다 (*SC* 171, 574-5 참조).

[163] 교만의 치료법은 '과거의 잘못과 하느님의 은총에 대한 기억'이다. 옛 삶이란 수도생활을 시작하기 이전 삶을 말한다(참조: *PT* 10; 12). 옛 삶에 대한 기억은 슬픔과 아케디아의 원인으로 여겨진다. "그리스도의 자비를 통하여"란 표현은 두 번째 부분에서 생각이 발전됨을 알려 준다. 에바그리우스에게 교만은 본질적으로 '하느님의 도우심을 인정하기를 거부'하는 것이다(*PT* 14 참조).

들였다는 뜻이다. 반대로 우리가 욕정으로 받아들이는 모든 대상은 우리에게 욕정적인 기억을 가지게 할 것이다. 그래서 맹렬히 활동하는 악령을 물리친 자만이 그가 사용하는 수단을 무시한다. 왜냐하면 비물질적 싸움이 물질적 싸움보다 더 어렵기 때문이다.[164]

35. 영혼의 욕정은 사람에게서 오는 반면 육체의 욕정은 육체에서 온다. 육체의 욕정은 고행으로 제거되고, 영혼의 욕정은 영적 사랑으로 근절된다.[165]

36. 영혼의 욕정을 다스리는 악령들은 죽도록 집요한 반면 육체의 욕정을 다스리는 악령들은 보다 쉽게

---

[164] 34-39장은 욕정을 일으키는 원인과 구조에 대해 언급한다. 4장에서 에바그리우스는 감각을 욕정의 기원으로 보았는데, 여기서 그것을 명확히 한다. 즉, 욕정의 기원은 사물과의 접촉을 통한 직접적인 것일 수도 있고 기억의 중개를 통한 간접적인 것일 수도 있다. 후자는 주로 신분상 사물과는 거리가 먼(*PT* 5 참조) 독수도승에게서 나타난다. 그들에게 욕정의 기원은 무엇보다도 그것을 일으키는 생각이다(*PT* 6 참조).

'욕정적인 기억'은 생각에 소재(素材)를 제공한다. '생각'이 '사물'에 반대된다고 하는 48장을 참조하라. 67장에서는 '사물'과 '기억'이 대립 관계에 있다.

'맹렬히 활동하는 악령': 사물을 매개로 수도승을 죄로 이끌려고 애쓰는 악령을 말한다(*PT* 48 참조).

'그가 사용하는 수단': 기억을 매개로 악령들이 일으키는 생각.

'왜냐하면 … 더 어렵기 때문이다': 이 구절과 앞 구절을 연결하는 생각은 다음과 같다. 즉, 비물질적 싸움(생각과의 싸움)에 직면하기 전에 사물과의 싸움에서 승리해야 하는데, 이는 전자가 훨씬 더 어렵기 때문이다. 이 생각은 이미 5장에 나타나며, 48장에도 다시 나온다(*SC* 171, 578-80 참조).

[165] '영혼의 욕정'과 '육체의 욕정'의 구분은 다음 장에도 나온다 아리스토텔레스의 말대로 '육체의 욕정'은 육체의 자연적 요구에서 생겨난다. 탐식과 음욕에서 일어나는 이 욕정의 치료법은 고행이다(참조: *PT* 16; 17). '영혼의 욕정'은 분노처럼 사람과의 관계에서 생겨난다(참조: *PT* 11; 23).

물러선다. 뜨고 지는 해와 같은 다른 악령들은 영혼의 한 부분에만 들러붙는 반면, 정오의 악령(시편 91,6 참조)은 보통 영혼 전체에 들러붙어 정신을 억압한다. 이 때문에 독수도승생활은 욕정을 제거한 후에야 감미롭다. 욕정을 제거한 후에는 순수한 기억만 남게 되고, 이제부터 수도승의 전투는 더 이상 싸움이 아닌 싸움 자체에 대한 관상으로 나아가기 때문이다.[166]

37. 표상이 욕정을 일으키는가, 아니면 욕정이 표상을 일으키는가? 이는 숙고를 요한다. 어떤 사람은 첫째 견해를 취하고, 또 다른 사람은 둘째 견해를 취한다.[167]

38. 욕정은 감각을 통해서 발생한다. 사랑과 고행이 있다면, 욕정은 일어나지 않을 것이다. 욕정은 그것들

---

[166] 앞 장에서처럼 '영혼의 욕정'과 '육체의 욕정'을 구분하고 있지만, 여기서는 그들 행위의 지속성에 대해 이야기한다. 영혼의 욕정을 지배하는 악령은 결코 공격을 멈추지 않는다. 영혼의 욕망부를 공격하는 악령들은 육체의 욕정을 지배하는 악령이고, 영혼의 정념부를 공격하는 악령은 영혼의 욕정을 지배하는 악령이다.
'정오의 악령': 아케디아를 말한다(PT 12 참조).
'기억': 아파테이아에 도달한 영혼은 그를 괴롭히는 '기억'을 더는 가지지 않는다(PT 67 참조).
'관상으로 나아가다': 욕정에서 자유로워진 영혼은 더는 악령에 맞서 싸우지 않고, '그 싸움의 이유'를 관상할 수 있다(PT 83 참조). 계명 준수는 각 계명에 부합하는 관상을 통해 완성되어야 한다(PT 79 참조). 악령에 맞선 싸움은 영적 전투의 한 부분일 뿐이다(SC 171, 582-3 참조).

[167] 표상이 욕정을 불러 일으킨다는 이 첫째 견해는 스토아 학파의 견해인 듯하다. 욕정이 표상을 일으킨다는 둘째 견해는 아리스토텔레스의 『영혼론』(De anima)에 나타난다. 이 두 견해 중 어느 것을 받아들이느냐는 에바그리우스 이전에 이미 논쟁거리였다. 에바그리우스는 이 두 견해를 경우에 따라 옳은 것으로 받아들이는 것 같다(SC 171, 584-5 참조).

이 없을 때 생겨날 것이다. 영혼의 정념부는 욕망부보다 더 많은 치료법을 필요로 한다. 이 때문에 사랑이 위대하다는 것이다(1코린 13,13 참조). 사랑은 정념부의 제동기이기 때문이다. 이것은 또한 위대한 성인 모세가 자연에 대해 다루는 중에 '오피오마케스'라고 상징적으로 부른 것이다.[168]

39. 악령에게서 악취가 날 때, 영혼은 생각을 거슬러 흥분하는 습관이 있다. 그때 영혼을 괴롭히는 자의 욕정에 영향받은 영혼은 그가 다가오는 것을 감지한다.[169]

4. 악령론[170]

40. 모든 상황에서 일상의 규칙을 준수하는 것은 불가능하다. 그렇지만 매 순간 주의하고, 받아들인 계명

---

[168] 욕정의 감각적 기원에 대해서는 4장을 참조하라.

'사랑과 고행': '사랑'은 영혼의 욕정(thymos)에 반대되며, '고행'은 육체의 욕정(épithymia)에 반대된다(PT 35 참조). 모든 욕정은 영혼의 정념부와 욕망부에서 유래하는데, 이 두 부분은 에바그리우스가 '영혼의 욕정부'라고 칭한 부분을 이룬다. 고행이 욕망부를 치유하듯, 사랑은 정념부를 치유한다(KG III, 35 참조: "인식은 정신을 치유하고, 사랑은 정념부를, 고행은 욕망부를 치유한다"). 욕망부는 보다 빠르게 치유된다(PT 36 참조).

'정념부의 제동기(制動機)': 이 표현은 전통적인 은유다. "영혼은 고행을 통하여 그 욕망부를 억제하며, 온유를 통하여 정념부를 억제한다"(나지안주스의 그레고리우스, 『서간』 19). 여기서 '온유'란 '사랑'을 뜻한다. 모세는 탁월한 형태로 이 덕을 소유했다.

오피오마케스('Οφιομάχης, Ophiomakes): '뱀과 싸우는 사람'. 레위 11,22에서는 "각종 메뚜기"를 나타내는 데 사용되었다. 필론은 '오피오마케스'를 우의적으로 해석하여, 무절제와 쾌락에 맞서 불굴의 전투와 끝없는 싸움으로 이끄는 고행을 나타내는 데 이 단어를 썼다(SC 171, 586-9 참조).

들을 가능한 한 실천하려고 노력할 필요는 있다. 사실 악령들도 이런 기회를 통해 자신에게 주어진 가능성을 인지하고 있다. 따라서 악령은 우리를 거스른 욕정을 통해 우리로 하여금 가능한 것을 행하지 못하도록 방해하고, 우리에게 불가능한 것을 행하도록 강요한다. 악령은 병자가 고통에 감사하고 봉사자에게 참을성을 보이지 못하도록 방해한다. 또 병자가 쇠약해도 고행을 실천하도록 권고하며, 몸이 무거워도 선 채로 시편을 바치도록 권고한다.[171]▶

41. 도시나 마을에 얼마간 머물며 세속인들을 가까이해야 할 경우에는 무엇보다도 열심히 절제하도록 하자. 이는 현실 상황으로 인해 무뎌지고 부주의해진 우리 정신이 원하지 않은 무언가를 하게 되고, 악령의 공

---

[169] '악령에게서 나는 악취': 『안토니우스의 생애』에서도 언급된다(『안토니우스의 생애』 63 참조). 악령은 자신의 악취로 우리 안에 욕정을 일으킨다. 우리는 욕정이 감각(*PT* 38 참조), 혹은 기억을 통해(*PT* 34 참조) 일어날 수 있음을 보았다. 이 장에서는 이 둘에 악령이라는 세 번째 것이 부가된다. 에바그리우스는 『스켐마타』(*Skemmata*) 59에서 이렇게 말한다. "욕정들 가운데 어떤 것은 기억을 통해서, 다른 것은 감각을 통해서, 그리고 또 다른 것은 악령들을 통해서 생겨난다." 우리가 그런 욕정에 영향받았다는 사실을 통해 우리는 악령의 접근을 감지한다.

'생각을 거슬러 흥분하다': 우리에게 접근한 악령이 제시한 생각을 거슬러 분노로 반응하는 것이다(*PT* 42 참조).

'영혼을 괴롭히는 자의 욕성'. 영혼을 괴롭히는 악령이 통괄하는 욕정을 말한다(*SC* 171, 590-1 참조).

[170] 에바그리우스는 생각에 관한 일련의 장들(6-33장)과 욕정에 관한 일련의 장들(34-39장)에 이어서 악령에 관한 가르침을 제시한다(40-53장).

격을 받아 도망자가 되지 않을까 하는 두려움 때문이다.[172]

42. 그대가 유혹받을 때 그대를 괴롭힌 놈에게 분노에 찬 말을 하기 전에는 기도하지 마라. 사실 그대 영혼은 생각들을 통해서 영향받았다. 결과적으로 기도는

◂[171] 규칙(κανών): 기록된 규칙을 말하는 것이 아니다. 그 당시 스케티스와 니트리아의 수도승적 환경에서는 기록된 규칙이 없었고, 수도승에게 부과된 삶의 규정만 있었을 뿐이다. 이 지침은 통상 스승들의 가르침과 전통에 의해 정착된 관습들이었다(요한 카시아누스 『담화집』 II, 18-22 참조). 여기서 제시된 권고, 즉 상황을 고려하면서 규정을 완화하라고 하는 권고는 『사막 교부들의 금언집』에 나타나는 가르침과 일치한다. 가령, 투병이나 손님 환대 같은 예외적인 경우에는 단식을 중단하는 것을 허락한다. 우리는 팔라디우스를 통해, 에바그리우스 자신이 생애 마지막까지 위장병을 앓고 있었고, 익힌 채소를 섭취하려고 자신의 일상 규정을 변경했음을 알고 있다(HL 38 참조). 에바그리우스는 다른 작품에서, 수도승에게 자신의 능력에 부치는 금욕을 행하도록 강요하는 악령의 유혹에 대해 언급한다(『여러 악한 생각에 관하여』 25: 이 작품은 닐루스(Nilus)의 작품 가운데 편집되었지만, 대부분의 필사본 전통과 동방 전통에서는 에바그리우스의 이름으로 전해진다. 이 작품은 '생각'들의 관계·형성·발전·구조 등에 대한 매우 깊고 풍부한 분석을 담고 있다. 참조: PG 79, 1200 D-1233 A; 『안티레티코스』 I, 37).

[172] 수도승이 고행을 완화해야 할 상황이 있는 반면(PT 40 참조), 그것을 강화해야 할 때도 있다.

'도시나 마을에': 『사막 교부들의 금언집』을 통해서 우리는 니트리아의 수도승들이 가끔 인근 마을이나 알렉산드리아를 방문했다는 사실을 알고 있다(AP, 테오필루스 3 참조). 『이집트 수도승들의 역사』의 저자는 에바그리우스가 자주 알렉산드리아로 갔다고 전한다.

세속인들(κοσμικοί): 수도승들(μοναχοί)에 반대된다(PT 48 참조).

'무뎌진': '욕정으로 인해 무뎌진 정신'(『기도론』 50). 『수도승을 위한 권고』 48장에도 같은 비유가 나온다: "과도한 잠은 정신을 무디게 한다." 에바그리우스에게 이 표현은 은유적인 것이 아니다. 무뎌짐은 정신이 타락한 결과다.

'도망자': 자신의 일, 즉 관상을 포기한 정신(참조: PT 21; 28)에게 적용되는 표현이다(SC 171, 595-6 참조).

더 이상 순수하지 않다. 그러나 그대가 적에게 분노에 찬 말을 한다면, 그대는 그가 제시한 표상을 깨뜨려 사라지게 한다. 이것이 분노의 자연적인 효과이기 때문이다. 좋은 표상의 경우도 마찬가지다.[173]

43. 악령들 간의 차이점을 알고 그들이 다가오는 순간에 주의해야 한다. 우리는 그 대상을 통해 알게 되는 생각으로써 이를 알게 될 것이다. 즉, 악령들 중 어떤 놈이 가끔씩 오면서도 더 악질적인지, 어떤 놈이 꾸준하면서도 더 약한지, 어떤 놈들이 함께 들이닥쳐 정신이 신성을 모독하도록 유혹하는지 알게 될 것이다. 생각이 그 대상을 움직이기 시작하는 순간에, 또 우리의 고유한 상태에서 너무 많이 빗나가기 전에 우리가 악령을 거슬러 무슨 말을 하고 누가 현존하는지 알리기 위해 이러한 것들을 알아야 한다. 이리하여 우리는 하느님의 도우심으로 빨리 진보할 것이며, 우리에게 놀

---

[173] '그대를 괴롭힌 놈': 싸움꾼에 비유된 악령을 말한다(*PT* 72 참조). 여기서 제시된 방법은 '반박'이다.
 '분노': 23장에서 정신을 더럽히는 것으로 여겨진 분노가 여기서는 악령이 불러 일으킨 악한 생각을 쫓는다. 이는 분노의 선용(善用)이다. 실제로 악령과 싸우는 것은 영혼의 정념부가 지닌 본성이다(*PT* 24 참조).
 '영향받은': 30장 참조. 영혼이 악한 생각에 사로잡힐 때 기도는 더 이상 순수하지 않다. 이 주제에 관해서는 23장을 참조하라.
 '사라지게 한다': 분노는 표상들을 사라지게 한다. 분노가 성신을 어둡게 하기 때문이다(*PT* 23 참조). 분노를 잘 사용하면 악한 생각에 결부된 것들을 박멸할 수 있다. "모든 악마적 생각은 감각적 사물의 표상을 영혼에 소개한다"(『여러 악한 생각에 관하여』 2).

라 분개하는 그 녀석들을 사라지게 할 것이다.[174]

44. 악령이 수도승과 맞서 싸우면서 무력해지면, 약간 물러나 덕들 가운데 어느 것에 소홀한지 살핀다. 그리고 소홀한 부분을 틈타 갑자기 들이닥쳐서 불행한 영혼을 갈기갈기 찢어 놓는다.[175]

45. 사악한 악령은 자기보다 더 사악한 악령을 불러들여 자기를 돕게 한다. 성질이 서로 반대되는 악령들도 오직 영혼의 파멸을 위해서는 일치한다.[176]

46. 정신이 하느님을 모독하고 (감히 형언하지 못할)

---

[174] '그 대상': 악령이 영혼에 소개하는 감각적 대상에 대한 표상을 말하는데, 이것은 육체나 외부 세계에서 유래한다. "생각들 가운데 어떤 것은 밖에서 그 대상을 취하고, 또 어떤 것은 육체에서 음욕의 대상을 취한다"(『스켐마타』 47).

악령에 효과적으로 대적하기 위해서는 그 정체를 알아야 한다. 악령의 정체는 무엇보다도 그의 행위에서, 그리고 공격 빈도와 방식에서 드러난다. 가장 고질적인 녀석은 아케디아의 악령이다(참조: PT 12; 28). 신성모독의 악령에 관해서는 46장과 51장을 보라. 51장에서는 신속함이 이 악령의 한 특성으로 제시된다. 각 악령의 행위와 습성에 대한 인식은 관찰을 통해서 얻는다(PT 50 참조).

'사라지다': 이것은 악령들에게 고유한 이미지다(PT 13 참조). 이 장과 『안토니우스의 생애』 22장을 비교해 보라.

[175] 악령들의 이러한 술책은 『기도론』 47장에서도 묘사된다. 악령들은 영혼의 약점을 이용한다(PT 19 참조).

'불행한 영혼': 악령의 희생물이 된 영혼이다(PT 10 참조).

[176] '사악한 악령': '사악한'은 전통적으로 악령을 묘사하는 형용사다(마태 6,13 참조). 에바그리우스에게 악령은 '사악함'으로 정의되며, 사악함의 정도에 따라 다양한 단계가 있다.

'더 사악한': 루카 11, 26에서 무의식적으로 차용한 표현인 듯하다.

'서로 반대되는 악령들': 가령 '영예를 허락하는' 헛된 영광의 악령과 '수치심으로 이끄는' 음욕의 악령과 같은 것이다(PT 58 참조). 악령들이 서로 반대되는 것은 우연이다. 사실상 그들은 일치한다(SC 171, 602-3 참조).

금지된 것을 상상하도록 유혹하는 불순한 악령에 동요되지도 말고 우리의 열정을 무디게 하지도 말자. 주님은 '마음을 아시는 분'(사도 1,24; 15,8 참조)이시며, 우리가 세상에 있었을 때조차 그러한 광기로 미치지 않았음을 아시기 때문이다. 이 악령의 목표는 우리로 하여금 기도를 단념하게 하는 것이다. 우리를 우리 주 하느님 앞에 서 있지 못하게 하고, 우리가 불경한 생각을 했던 분을 향해 감히 손을 펴 들지 못하게 하는 것이다.[177]

47. 발설된 말이든 육체의 돌발적 움직임이든, 그것은 영혼 안에 현존하는 욕정의 표징이다. 이 표징을 통해 원수들은 그 생각이 우리 안에 있는지, 우리가 그 생각 때문에 괴로워했는지, 우리 구원을 염려하여 그 생각을 쫓아 버렸는지 감지한다. 우리를 창조하신 하느님만이 우리 정신을 아시며, 그분이 마음 안에 감추어진 것을 아는 데는 표징이 필요 없기 때문이다.[178]

48. 악령은 세속인과는 주로 사물을 통해 싸우지만 수도승과는 생각을 통해 싸우는 경우가 더 잦다. 사실

---

[177] 하느님을 모독하도록 유혹하는 악령이 바로 교만의 악령이다. 그리고 금지된 것에 대한 상상은 신성모독의 악령이 제시한 생각이다. 가자의 도로테우스는 신성모독과 교만의 관계를 강조했다.
우리 마음이 정화되지 않았을 때도 우리가 그 생각을 가지고 있지 않기 때문에 하느님은 이런 생각이 우리에게서 오는 것이 아님을 아신다(SC 171, 604-5 참조).
신성모독의 악령은 기도에 반대된다(『안티레티코스』 VIII, 20 참조).
'서 있는 것'과 '손을 펴 드는 것'은 기도의 자세다.

수도승은 고독으로 인해 맞싸울 사물이 별로 없다. 행동으로보다 내적으로 죄짓는 것이 더 쉬운 만큼, 내적 싸움이 사물을 통해 행해지는 싸움보다 더 어렵다. 정신이란 쉽게 동요되고, 금지된 상상으로 나아가는 것을 막기 힘든 무엇이기 때문이다.[179]

49. 우리는 일하고 밤샘 기도를 하고 줄곧 단식하라는 명령을 받지 않았다. 대신 우리에게는 "끊임없이 기도하십시오"(1테살 5,17)라는 법이 있다. 사실 영혼의 욕망부를 치유하는 이 명령을 준행하는 데는 육체도 필요하다. 우리 육체는 연약하여 그러한 노고를 넉넉히 감당해 내지 못한다. 그러나 기도는 싸움을 위해 정신을 강하고 순수하게 한다. 정신은 이 육체 없이도 기도

---

[178] 악령은 관찰을 통해서 우리를 안다(*PT* 44 참조). 한 편지에서 에바그리우스는, 다양한 악령이 그들 각각에 부합하는 욕정이 우리 안에 있는지를 알기 위해 우리 언행을 어떻게 관찰하는지 예를 들어 묘사했다(*SC* 171, 606-7 참조).

[179] 세속인(κοσμικός)은 수도승(μοναχός)과 반대 개념이다. 이 단어의 의미는 에바그리우스에게서 분명하게 드러나며 그 이후에 자주 나타난다(참조: *PT* 41; *AM* 34; 78; 113).

'사물 … 생각': 이 장에서 에바그리우스는 '사물'을 통한 싸움과 '생각'을 통한 싸움을 엄밀하게 구분한다. '사물'은 세상에 사는 사람이 아는 것이며, '생각'은 무엇보다도 고독을 통하여 '사물'에서 분리된 수도승이 아는 것이다(*PT* 43 참조). 에바그리우스는 '생각'(*PT* 43 참조), '기억'(참조: *PT* 34; 67), 꿈의 환상(*PT* 64 참조) 같은 감각적 실재(참조: *PT* 8; 10; 89)로서의 '사물'에 반대한다.

정신이 '쉽게 동요되는 것'(요한 카시아누스 『담화집』 VII, 4 참조)이라는 견해는 탈레스로 거슬러 올라가는 철학의 전통적 가르침이다(*SC* 171, 609-10 참조).

하기 위하여 자연적으로 만들어졌고, 또 영혼의 모든 능력을 동원하여 악령과 싸우기 때문이다.[180]

50. 어떤 수도승이 경험을 통해 잔혹한 악령들을 알고 그들의 기교에 익숙해지려면, 그로 하여금 생각을 주의 깊게 관찰하여 그것이 강렬한지 느슨한지, 뒤섞여 있는지, 언제 일어났다 사라지는지 파악하게 하라. 그래서 어떤 악령이 이런저런 생각을 일으키는지, 어떤 악령이 다른 악령 뒤에 오는지, 어떤 악령이 다른 악령을 따르지 않는지 주목하게 하라. 또 그 이유들을 그리스도에게서 찾게 하라. 사실 악령은 관상적 방법으로 수행에 전념하는 사람을 매우 못마땅해한다. 그

---

[180] 악령에 맞서 싸울 수 있게 하는 손노동, 철야, 단식 같은 수행들은 대부분 지속적으로 실천될 수 없다. 오직 기도만 지속될 수 있고, 또 바오로 사도의 계명(1테살 5,17)에 따라 그리되어야 한다.
'영혼의 욕정부'(참조: *PT* 74; 78; 84): 정념부와 욕망부로 이루어진 총체(*PT* 38 참조).
'기도를 통해서 강화된 정신': 65장은 정신이 아파테이아의 표지들 중 하나를 드러낼 때 강하다고 말한다.
'기도하기 위하여 자연적으로 만들어진 정신': "기도는 정신에게 고유한 활동을 수행하도록 해 준다"(『기도론』 83). 에바그리우스는 영혼이 순수하여 육체 없이도 존재에 대한 관상을 즐길 수 있는 사람들에 대해서 이야기한다(*KG* IV, 70 참조).
'이 육체': 통상적으로 에바그리우스는 우리가 이 지상에서 가지고 있는 육체, 곧 인간 육체를 뜻한다(*PT* 53 참조).
'악령과 싸우다': 악령에 맞선 싸움은 특히 정념부의 본성에서 일어난다(*PT* 24 참조). 그러나 '적대 세력에 맞서 작전을 지휘하는 것'(참조: *PT* 89; 73)은 정신의 덕인 현명의 역할이다.
'영혼의 모든 능력': 정신 자체뿐 아니라, 영혼의 욕정부라 불리는 정념부와 욕망부도 포함한다(*SC* 171, 611-3 참조).

들은 "마음 바른 이들을 어둠 속에서 쏘려"(시편 11,2) 하기 때문이다.[181]

51. 이 관찰을 통하여 그대는 악령들 중 두 놈이 매우 빨라서, 우리 정신의 움직임을 앞지른다는 사실을 발견할 것이다. 그것들은 음욕의 악령과 우리를 신성모독으로 유혹하는 악령이다. 그러나 둘째 놈은 잠시 지체하는 반면, 첫째 놈은 그가 일으키는 생각들이 욕정으로 자극되지 않는 한, 하느님 인식에 이르는 것을 방해하지 않을 것이다.[182]

---

[181] 43장에서처럼 여기서도 에바그리우스는 체험을 통하여, 특히 생각에 대한 관찰을 통하여 악령의 행위를 알 필요가 있다고 주장한다.
'악령들의 기교': 흔히 에바그리우스는 이 말을 '교활한 술책을 행하는 기술'이라는 뜻으로 쓴다. 『안토니우스의 생애』 11장에도 나온다.
'어떤 악령이 다른 악령 뒤에 오는지': 예컨대 분노의 악령과 슬픔의 악령은 교만의 악령을 따르지 않고(PT 14 참조), 헛된 영광의 악령은 교만의 악령과 슬픔의 악령에서 영혼을 자유롭게 한다(PT 13 참조). 그리고 아케디아의 악령은 분노와 음욕에 대한 생각들 뒤를 따르지만, 다른 어떤 악령도 아케디아의 악령을 따르지는 않는다(PT 12 참조).
'그 이유들': 83장과 89장에서처럼 여기서도 로고이($\lambda o\gamma o\iota$)는 철학적 의미로 받아들여진다. 존재 이유들($\lambda o\gamma o\iota$)에 대한 관상은 영적 인식을 구성하며(참조: PT 2; 3), 그것은 에바그리우스가 여기서 명확히 하는 바와 같이 그리스도에게서 비롯된다. 에바그리우스는 '어둠'이 '영혼의 무지', 욕정적인 생각이라고 설명한다(SC 171, 614-6 참조).

[182] 악령에 대한 인식은 관찰에 근거한다. "오랜 관찰을 통해서 우리는 천사적인 생각, 인간적인 생각 그리고 악령에게서 오는 생각들 간에 이러한 차이점이 있다는 것을 알게 되었다"(『여러 악한 생각에 관하여』 7).
'우리를 신성모독으로 유혹하는 악령': 43장과 46장에도 유사한 표현이 나온다. 생각은 욕정 없이도 받아들여질 수 있다(PT 34 참조). 욕정 없이 생각을 받아들이는 자는 하느님 인식에 이르는 데 필요한 조건인 아파테이아(PT 67 참조)를 소유한다(SC 171, 617-8 참조).

52. 육체를 영혼에서 분리하는 것은 오직 그것들을 결합한 분에게만 속한다. 그러나 영혼을 육체에서 분리하는 것은 덕을 지향하는 사람에게도 속한다. 우리 교부들은 죽음에 대한 훈련과 육체에서의 탈출을 '아나코레시스'라고 불렀다.[183]

53. 자신의 육체를 너무 잘 양육하는 우愚를 범하는 사람과 육체를 돌보면서 육체의 욕망을 자극하는 사람은 육체가 아니라 자기 자신을 책망해야 한다. 이 육체를 수단으로 영혼의 아파테이아를 획득했고, 어느 정도 피조물에 대한 인식을 얻는 사람은 창조주의 은총을 알기 때문이다.[184]

---

[183] '그것들을 결합한 분': 시리아어판에서 명확히 가리키듯이 이는 '창조주'를 뜻한다. 그분은 영혼으로 전락한 타락한 정신에 육체를 결합했다. 쉰데인($συνδεῖν$)은 육체와 영혼의 결합을 통상적으로 표현하는 동사다(KG I, 58 참조).

'영혼을 육체에서 분리하다': 이는 덕행을 실천함으로써 영혼을 정화하는 것이다. 플라톤 사상에 그 기원을 둔다.

아나코레시스($ἀναχώρησις$, anachoresis): 에바그리우스는 일반적으로 나지안주스의 그레고리우스를 통해서 알려지고 그리스도교 금욕을 나타내는 '철학적'이란 단어를 프락티케의 선행 조건인 아나코레시스로 대체한다(SC 171, 619-21 참조). 아나코레시스는 '은둔' 혹은 '세상에서의 분리'를 뜻한다.

[184] 타락한 정신에 육체가 주어진 것은 정신의 선을 위한 것이며 정신의 구원을 돕기 위한 것이다. 영혼의 아파테이아를 얻기 위하여 프락티케를 실천하는 육체는 정신에게도 유익하다. 사실 타락한 정신이 넝석 인식에 도달하고 어느 정도 피조물에 대한 인식을 얻을 수 있는 것은 육체 덕분이기도 하다. '이 육체'라는 표현은 에바그리우스가 '인간 육체'를 나타내기 위하여 흔히 사용하는 표현이다(SC 171, 622-3 참조).

5. 수면 중에 일어나는 일[185]

54. 악령이 수면 중 환영을 통해 영혼의 욕망부를 공격할 때, 그는 우리에게 친구들과의 만남, 친척들과의 연회, 여자들의 가무 그리고 쾌락의 산물인 다른 모든 유사한 광경을 보여 준다. 우리가 이 환영들을 기꺼이 받아들이면, 욕망부에서 우리는 병들고 욕정은 강해진다. 한편 악령이 정념부를 괴롭힐 때, 그들은 우리에게 험한 길을 따라가도록 강요하며, 거기서 무장한 사람과 독성을 지닌 야수와 육식의 맹수들을 만나게 한다. 이런 짐승과 사람들에 놀라 달아날 때, 우리는 영혼의 정념부에 신경을 쓴다. 그리고 밤샘 기도 중에 그리스도께 기도하면서 앞서 언급된 치료제들을 사용한다.[186]

---

[185] 제목이 보여 주듯이 54-56장은 꿈에 관한 것이다. 영혼의 건강과 아파테이아와의 관계를 통해서 영혼의 상태를 진단하고 있다. 여기서부터 이 책의 후반부가 시작된다. 에바그리우스는 악령이 생각을 통해 수도승 안에 일으킨 욕정을 어떻게 치료할 수 있는지 보여 준 다음, 우리가 아파테이아에 도달했는지 알 수 있는 표지들을 언급한다.

[186] 탐식의 악령이 제시한 생각들과 비교하라(『안티레티코스』 I, 36.39.40.41).

'우리는 병든다': 아파테이아가 영혼의 건강이라면 욕정은 영혼의 질병이다(*PT* 56 참조). 에바그리우스는 욕정을 영혼의 질병에 대입하면서, 육체의 질병을 진단하는 꿈에 관해 히포크라테스가 말한 바를 원용한다.

악몽과 무서운 환영은 분노의 악령이나 슬픔의 악령이 영혼의 정념부를 괴롭힐 때 생긴다(참조: *PT* 11; 21).

수면 중의 환영 앞에서 고요히 머무는 것은 아파테이아의 한 증거다(*PT* 64 참조).

'앞서 언급된 치료제들': 정념부를 진정시키기 위해 15장에서 정한 치료제는 시편 낭송, 인내심, 동정심이다. 20장에서는 자비와 온유가 권고되고, 38장에서는 사랑이 정념부의 제동기로 언급된다(*SC* 171, 625-7 참조).

55. 수면 중에 육체의 자연적 움직임이 환영을 수반하지 않는다면, 이는 그 영혼이 어느 정도 건강하다는 뜻이다. 반대로 환영이 일어난다면 그것은 영혼이 건강하지 않다는 표지다. 그것이 불명확한 모습이라면 옛 욕정의 표지로 여기고, 분명한 모습을 띤다면 최근 공격의 징후라고 생각하라.[187]

56. 우리는 낮에는 생각을 통해서, 밤에는 꿈을 통해서 아파테이아의 표지들을 알게 될 것이다. 우리는 아파테이아를 영혼의 건강이라고 말한다. 반면, 영혼의 양식은 인식인데, 이는 인식만이 우리를 거룩한 능력들에 결합시킬 수 있기 때문이다. 영적 존재와의 결합은 천사들과 비슷한 자질을 갖춤으로써 자연히 이루어지기 때문에 이것은 사실이다.[188]

---

[187] '육체의 자연적 움직임': 몽정(夢精)을 뜻하며, 요한 카시아누스 『담화집』 XII, 7에도 같은 의미로 '육체의 자연적 움직임'(naturalis motus carnis)이 언급된다. 『사막 교부들의 금언집』에서도 육체의 세 가지 움직임을 구분하는데, 첫째 자연적 움직임, 둘째 음식과 음료의 과도한 섭취가 일으키는 움직임, 셋째 악령들이 일으키는 움직임이다(참조: AP, 안토니우스 22; 안토니우스의 「서간」 1,4).

영혼의 건강은 아파테이아 상태를 뜻한다(PT 56 참조). 자연적 움직임이 일어날 때 에로틱한 꿈을 동반하지 않는다면 그것은 영혼이 아파테이아에 도달했다는 증거다. 그러나 에바그리우스에게 완전한 아파테이아(PT 60 참조)는 이런 움직임을 모른다. 이 '움직임들'의 원인은 두 가지다. 첫째, 욕망부의 방탕. 이 경우 움직임은 표상을 동반하며, 여전히 아파테이아에서 거리가 먼 사람의 문제다. 둘째, 몸 안의 지나친 수분. 이 경우 금욕가는 물을 적게 섭취함으로써 치료될 수 있다(PT 17 참조). 요한 카시아누스는 수면 중 에로틱한 표상의 부재(不在)가 '순결함'의 한 표지라고 말한다(『제도서』 VI,10. 22 참조).

6. 아파테이아에 근접한 상태[189]

57. 영혼의 평화 상태가 둘 있는데, 하나는 자연적인 씨앗들로부터 유래하며, 다른 하나는 악령들이 물러감으로써 온다. 첫째 상태에는 겸손, 통회, 눈물, 하느님께 대한 무한한 열망 그리고 노동에 대한 엄청난 열성이 따른다. 반면, 둘째 상태에는 허영심과 교만이 따르는데, 이는 수도승을 넘어뜨리려던 악령들이 사라질 때 나타난다. 그러므로 첫째 상태에 항구한 수도승은 악령의 습격을 더 재빠르게 알아차릴 것이다.[190]

58. 헛된 영광의 악령은 음욕의 악령에 대립한다. 둘이 동시에 영혼을 공격하는 일은 있을 수 없다. 전자는 명예를 약속하고, 후자는 불명예로 이끌기 때문이다. 그러므로 둘 중 하나가 접근하여 그대를 압박하면, 이

◀[188] 악령들은 주로 생각을 통해서 욕정을 불러 일으키므로(*PT* 6-39 참조), 낮에는 생각을 통해서, 밤에는 꿈을 통해서 아파테이아가 인정된다. 이는 앞의 두 장에서 전개된 생각이다.

'아파테이아는 영혼의 건강': 욕정이 영혼의 병이라는 개념에 바탕을 둔 스토아 학파의 정의다. 아파테이아에 대한 이 정의는 에바그리우스의 용어론에 자주 등장한다(참조: *KG* I, 41; II, 48; III, 46; VI, 64).

'영혼의 양식은 인식': 인식은 영혼을 아파테이아 상태로 유지하고, 영성 생활에 나아가게 한다. 이 장의 마지막은, 영적 인식이 우리를 천사들과 일치시키며, 우리가 천사들과 같다는, 다시 말해 완전한 아파테이아 상태에 있다는 것을 함축한다.

'우리를 거룩한 능력들에 결합시키다': 이 표현은 천사들이 천부적으로 소유하고 있는 인식에 도달한 사람은 인간의 상태에서 천사의 상태로 건너간다는 의미로 이해할 수 있다(*SC* 171, 631-3 참조).

[189] 57-62장은 아파테이아에 근접한 상태와 낮은 차원의 아파테이아 형태에 대해서 다룬다.

에 대립하는 악령에 대해서 생각하라. 그대가 격언처럼 못(걱정)으로 못(걱정)을 쫓아낼 수 있다면, 그대가 아파테이아의 경계에 가까이 있는 줄로 알아라. 그대 정신은 인간적 생각으로 악령의 생각을 사라지게 할 힘을 가졌기 때문이다. 그러나 겸손을 통하여 헛된 영광에 대한 생각을 몰아내거나 절제를 통하여 음욕에 대한 생각을 몰아내는 것은 가장 심오한 아파테이아의 증거일 것이다. 서로 대립하는 다른 모든 악령에도 이 방법을 적용하라. 그대가 어느 욕정에 가장 많이 영향을 받는지 알게 될 것이기 때문이다. 그래도 가급적 하느님께 둘째 방법으로 적을 쫓아 달라고 청하여라.[191]▶

59. 영혼이 진보할수록 그만큼 더 많은 적대자가 영혼을 거슬러 일어난다. 나는 늘 같은 악령이 한 영혼

---

[190] '영혼의 평화 상태': 다름 아닌 아파테이아다. 에바그리우스는 여기서 두 종류의 아파테이아를 구분하고 다음 장들에서 그 본성을 규정한다.
'자연적인 씨앗들(원인들)': 덕들을 뜻한다. 에바그리우스는 덕들이 우리 안에 자연적으로 뿌려진 씨앗들이라는 스토아 학파의 사상을 받아들인다.
'악령들이 물러감'(*PT* 44 참조): 다른 악령들이 물러갈 때 교만의 악령을 수반한(*PT* 13 참조) 헛된 영광의 악령이 다가온다(*PT* 31 참조).
'하느님께 대한 무한한 열망': 『기도론』 118장에 "분심 없이 기도하는 정신(아파테이아에 도달한 정신: *PT* 63 참조)은 복되다. 그는 언제나 하느님께 대한 보다 큰 갈망을 품는다"라는 은유적 표현이 나온다.
'알아차리다': 83장 마지막 부분("아파테이아를 획득한 사람은 적들의 술책을 쉽게 알아차린다")과 비교해 보라. 아파테이아를 얻은 사람은 악령과 '싸우는 이유'를 알기에, 이제부터는 '인식을 가지고' 싸운다(*PT* 50 참조). 여기서 말하는 '사람'은 참된 아파테이아에 도달한 사람, 즉 덕의 토대 위에 굳건하게 서 있는 사람을 뜻한다(*SC* 171, 635-7 참조).

옆에 머무른다고 믿지 않기 때문이다. 악령의 유혹을 보다 빨리 지각하는 사람과 자기가 획득한 아파테이아가 뒤이은 공격으로 흔들린 것을 보는 사람이 누구보다 이 점을 잘 알 것이다.[192]

60. 완전한 아파테이아는 수행에 반하는 모든 악령과 싸워 승리한 후에야 영혼 안에 깃든다. 반면, 불완전한 아파테이아는 여전히 영혼과 싸우는 악령의 능력과 관련해서 언급된다.[193]

61. 정신이 그 내면을 교정하지 않았다면 진보하지 못할 것이다. 또 이 아름다운 이주移住를 완수하여 영적

◀[191] 여기서는 서로 대립하는 악령들에 대해 다루고 있다(*PT* 45 참조).

'못으로 못을 쫓아내다': 아리스토텔레스와 키케로가 인용한 격언이다. 이 격언은 에바그리우스 이후, 그의 영향하에 『성녀 신클레티카의 생애』와 『라우수스의 역사』에서 다시 발견된다. 요한 카시아누스도 음탕한 생각을 몰아내기 위해 헛된 영광에 대한 생각을 활용하는 이 방법을 권한다(『담화집』 V, 12 참조). 그러나 요한 카시아누스는 이교의 지혜에서 취한 이 격언을 이사 48,9의 인용으로 대체했을뿐더러, 에바그리우스의 장에서 본질적인 생각을 제거했다. 에바그리우스에 따르면, 우리가 '인간적 생각으로 악령의 생각을' 몰아내는 데 성공한다면, 이것은 "아파테이아의 경계에 가깝다"는 한 표지다. 요한 카시아누스는 그것을 표지로서가 아니라 일종의 전술적 과정으로 언급한다.

'그대가 가장 영향을 받다': 우리에게 가장 큰 영향을 끼치는 욕정은 다른 사람들에 대한 오만한 생각이다. 이 장의 목적은 수도승에게 그가 어느 단계의 아파테이아에 도달해 있는지 알려 주는 생각과 맞서 싸울 기술을 제공하는 것이다(*SC* 171, 637-9 참조).

[192] 아파테이아를 향한 영혼의 진보는 영혼을 공격하는 악령의 종류와 힘에서 가늠될 수 있다. 영지적 삶으로 들어가는 사람은 그가 전혀 알지 못하는 유혹들에 직면해야 한다.

'나는 믿지 않는다': 에바그리우스의 개인적 체험에서 나온 말이다(*SC* 171, 639-40 참조).

존재의 영역에 도달하지도 못할 것이다. 내적 동요는 정신으로 하여금 자기가 남겨 놓고 떠나온 것들에 습관적으로 되돌아가게 하기 때문이다.[194]

62. 덕이든 악이든 그것들은 정신을 눈멀게 한다. 덕은 악을, 악은 덕을 보지 못하게 한다.[195]

---

[193] '수행에 반하는 악령들': 84장에서 제시된 정의에 따라 영혼의 욕정부를 공격하는 악령들을 말한다. 그들은 영지적 활동, 곧 관상에 적대적인 악령들과 구분된다. 영혼을 거슬러 싸우는 악령의 힘이 셀 경우, 아파테이아는 불완전하다. 반면, 완전한 아파테이아는 절대적이고, 그 정도(定度)를 모르며, 차후 어떤 악령도 영혼을 대적할 힘을 소유하지 못한다는 점을 가정한다. 다른 곳에서 에바그리우스는 불완전한 아파테이아를 '작은 아파테이아'라고도 부른다. 그것은 '완전한 건강'에 반대된다. 이 상태에 있는 수도승은 여전히 헛된 영광이라는 악령의 희생물이 될 수 있다(『여러 악한 생각에 관하여』 15 참조).

[194] '정신이 그 내면을 교정하지 않았다면': "정신이 아파테이아의 상태에 이르지 못했다면"으로 해석될 수 있다.
'이 아름다운 이주': 영지적 삶으로 들어감을 말한다. 이 표현은 영적 이주에 관한 필론의 주제와 관련된다. 필론이 표상한 것은 아브라함의 이주였다.
'영적 존재의 영역에 도달하다': 영적 관상에 도달함을 뜻한다(KG I, 85 참조).
'되돌아가게 하다': 이 장은 "아파테이아의 경계"(PT 58 참조)에 있는 상태를 묘사한다. 아파테이아에 도달한 수도승도 퇴보할 수 있다. 이 단계에서도 여전히 내적 동요, 즉 영혼의 욕정부에서 동요를 겪을 수 있기 때문이다(SC 171, 642-3 참조).

[195] 정신이 악에 굴복할 때, 정신은 덕을 보지 못한다. 마찬가지로 정신이 자신 안에 덕을 쌓으면, 다시 말해 정신이 아파테이아에 나아가면, 정신은 더 이상 악을 보지 못하고 욕정의 영역에서 일어나는 일들에 무감각해진다(『기도론』 120 참조. "기도의 순간에 완전한 '아파테이아'를 얻은 정신은 복되다"). 아파테이아를 통해 도달하는 이 '영적 무지'의 상태는 뒷부분에서 묘사된다. 특히 66장은 무감각에 대해 분명하게 언급한다. 이 장은 요한 클리마쿠스의 『천국의 사다리』에서 재인용된다(SC 171, 644-5 참조).

7. 아파테이아의 징조[196]

63. 정신이 분심 없이 기도하기 시작하면 영혼의 정념부 주변에서는 밤낮으로 온갖 전투가 벌어진다.[197]

64. 정신이 그 고유의 빛을 보기 시작하고 수면 중에 나타나는 환영 앞에 고요히 머무르며 침착하게 그 사물을 바라보는 것은 아파테이아의 표지다.[198]

65. 세상 사물들 중 어떤 것에 관해서도 상상하지 않는 기도의 순간에 정신은 활기에 넘친다.[199]

66. 하느님의 도우심으로 수행을 잘 완수하여 인식에 다가간 정신은 영혼의 비이성부를 거의 혹은 전혀

---

[196] 63-70장은 아파테이아의 고차원적 형태에 관한 것이다. 여기서는 정신의 무감각이 다양한 측면에서 분석된다.

[197] '분심 없이 기도하다': 관용적인 표현으로, 69장과 『기도론』 17-18장에도 나온다: "분심 없는 기도는 지고한 정신 활동이다." 수도승이 더는 생각이나 사물에 대한 기억 때문에 분심 들지 않고 행하는 이 기도는 아파테이아의 한 표지다.
'정념부 주변': 에바그리우스에게 분노는 아파테이아에 도달한 사람, 영적 관상을 누리는 사람을 노리는 주된 유혹이다.
'밤': 정념부의 동요로 야기된 악몽을 암시한다(참조: *PT* 11; 54).

[198] '그 고유의 빛을 보다': 기도의 순간에 정신이 그 고유한 빛으로부터 얻게 되는 시력은 에바그리우스 신비주의의 본질적인 주제다. 이 시력은 여기서 "아파테이아의 증거"로서 제시된다.
'수면 중에 나타나는 환영 앞에서': 54장에서는 악몽 앞에서 고요히 있지 못함은 영혼의 욕정부가 병들었고, 또 그가 여전히 아파테이아의 상태에 있지 못한 하나의 증거로 간주된다(*SC* 171, 648-9 참조).

[199] 분심 없이 기도하는 것(*PT* 63 참조)은 아파테이아의 한 표지다.
'활기에 넘친다': 자구적인 뜻은 '강화된다'이다(*PT* 49 참조). 이는 영혼이 아파테이아에 이를 때 정신은 더 이상 자신의 고유한 활동을 방해받지 않는다는 뜻이다(*SC* 171, 650 참조).

느끼지 않는다. 인식은 정신을 높은 곳으로 데려가 감각적인 것에서 분리시키기 때문이다.[200]

67. 아파테이아를 소유한 영혼은 단지 변화하는 사물에만 방해받지 않는 영혼이 아니라 그 사물에 대한 기억 앞에서도 동요되지 않는 영혼이다.[201]

68. 완전한 사람은 고행을 실천하지 않고, 욕정에 초연한 사람은 인내를 훈련하지 않는다. 인내는 욕정의 지배를 받는 사람의 것이고, 고행은 충동으로 고통받는 사람의 것이기 때문이다.[202]▶

69. 분심 없이 기도하는 것은 위대하다. 그러나 분심

---

[200] '수행을 잘 완수하다': 인식에 다가가는 데 필요한 조건인 아파테이아에 도달하는 것이다.
'영혼의 비이성부': 에바그리우스는 영혼의 '이성부'(*PT* 84 참조)에 반대하는 '영혼의 욕정부'에 대해 더 자주 이야기한다.
'거의 느끼지 못하다': 무감각과 관련된다. 인식을 맛본 사람은 세상의 쾌락에 무감각하다(*PT* 32 참조).
'인식은 정신을 높은 곳으로 데려가다': 에바그리우스는 『케팔라이아 그노스티카』에서 날개의 은유를 사용한다. "영적 인식, 이것은 정신의 날개다"(*KG* III, 56). 여기서 묘사된 상태는 저차원의 세계에 대한 무감각과 고차원의 세계에 몰입하는 황홀경, 혹은 무감각이다(*SC* 171, 651 참조).

[201] 이 장은 64장에서 언급된 것을 명확히 한다. 아파테이아는 '침착하게 사물을 바라보는 것'만이 아니라, 사물에 대한 기억으로도 동요되지 않는 것이다. 사물과 거기에 부응하는 기억이나 생각 간의 구분에 대해서는 34장과 48장을 참조하라.
동요되지 않는(ἀτάραχος): 아파테이아와 같은 말이다. 타라케(ταραχή)는 영혼의 욕정부의 동요(*PT* 61 참조), 그리고 더 자주 정념부의 농요(참조: *PT* 21; 22)를 나타내기 위해 사용되었다. 이 장은 아파테이아에 대해서 다루는 요한 클리마쿠스의 『천국의 사다리』에도 익명으로 인용된다(*PG* 88, 1153 B 참조).

없이 시편을 낭송하는 것은 더 위대하다.[203]

70. 자신 안에 덕을 확립하고 그것에 완전히 젖어든 사람은 율법이나 계명, 혹은 형벌에 대해서 더는 기억하지 않고, 탁월한 상태가 그에게 말하는 모든 것을 말하고 행한다.[204]

8. 실천적 고려[205]

71. 악령의 노래는 우리 욕망을 자극하고 영혼을 부끄러운 상상 속으로 던져 넣는다. 시편과 찬가와 영가(에페 5,19 참조)는 끓어오르는 정념을 식히고 욕망을 잠재우면서 정신을 덕행의 지속적 기억에로 초대한다.[206]

72. 공격하고 공격당하는 것이 싸움꾼의 일이라면,

---

[202] 에바그리우스 사상의 구조에서 고행(encrateia)과 인내(hypomonè)는 아파테이아 건너편에 있기 때문에 고행하고 인내하는 아파테이아의 사람에 대해서는 말할 수 없다(SC 171, 653 참조).

[203] '분심 없이 기도하다': 63장 각주 참조.
'분심 없이 시편을 낭송하다': 이것은 분심 없이 기도하는 것보다 더 큰 아파테이아를 전제한다. 에바그리우스는 그 이유를 이렇게 밝힌다. "시편은 여러 형태의 지혜에 속하지만 기도는 영적 인식의 전주곡이다"(『기도론』 85). 기도와 시편을 비교하려면 15장과 『기도론』 82·83·87장을 보라. 이 장은 『사막 교부들의 금언집』, 에바그리우스 3에서 인용되었다(SC 171, 654-5 참조).

[204] 이 장은 68장에서 서술된 생각을 완성하고 명확하게 한다.
'탁월한 상태': 아파테이아를 말한다.
'더는 율법에 대해서 기억하지 않는다': 1티모 1,9("율법이 의인 때문에 있는 것이 아니라")에서 영감을 받은 듯하다(SC 171, 656-7 참조).

[205] 71-90장도 아파테이아에 관해서 이야기한다.

악령이 우리를 거슬러 싸울 때, 우리를 공격하는 그들도 우리의 공격을 받는다. 시편 저자는 "제가 그들을 내리치자 그들은 일어서지 못하고 제 발아래 쓰러졌습니다"(시편 18,39), 또 "악인들이 내 몸을 집어삼키려 달려들지라도 내 적이요 원수인 그들은 비틀거리다 쓰러지리라"(시편 27,2)고 말한다.[207]

73. 안식은 지혜에 연결되고, 노고는 현명에 연결된다. 전투 없이 지혜를 얻을 수 없고 현명 없이 전투를 잘 이끌 수 없기 때문이다. 영혼의 능력들이 본성에 따라 움직이도록 강요하고 지혜의 길을 준비하면서 악령의 적의敵意에 대항하는 것이 현명의 역할이다.[208]▶

74. 정신을 어둡게 하는 '생각'은 수도승을 유혹한다. 이것은 영혼의 욕망부를 통해서 올라온다.[209]▶

---

[206] '악령의 노래': 영혼을 파괴하는 효력을 지닌 악령의 노래는 욕망을 자극한다.
  자극하다(κινοῦσι): 에바그리우스의 전문 용어(*PT* 6 참조).
  '정신을 덕행의 지속적 기억에로 초대하다': 이는 결과적으로 정신을 아파테이아에 머무르게 한다(*PT* 70 참조).
  '끓어오르는': 11장은 분노를 영혼의 '정념부의 폭발'로, 15장은 시편 낭송을 흥분한 영혼의 치료제로 정의한다.
  '욕망을 잠재우면서': 15장과 같은 표현이다(*SC* 171, 658-9 참조).
[207] '우리를 거스른 악령의 투쟁'이란 표현은 에바그리우스에게서 자주 나타나는 이미지로서(참조: *PT* 36; 48; 49; 60), 악령의 영향력을 나타내기 위해(*PT* 42 참조) 사용된다. 이 장은 에바그리우스에게 있어 매우 흔한 형태인 삼단논법의 형식을 띠고 있다. 여기서 에바그리우스가 보여 주고자 하는 바는 두 시편(시편 18,39; 27,2) 인용을 통해 명확해진다(*SC* 171, 660-1 참조).

75. 수도승의 죄는 생각이 제시하는 금지된 쾌락에 동의[210]하는 것이다.

76. 천사는 악이 감소할 때 기뻐하고, 악령은 덕이 감소할 때 기뻐한다. 천사는 자비와 사랑에 봉사하고, 악령은 분노와 증오에 복종한다. 천사는 가까이 다가와 우리를 영적 관상으로 채우고, 악령은 가까이 다가

---

[208] 덕들 간의 연결, 특히 지혜와 현명과 아파테이아의 연결은 프라티케(수행)의 투쟁을 선에 이르도록 해 주는 덕이다.

안식(ἀνάπαυσις): 이것은 프라티케의 노고와 고통에 따라오는 것으로 아파테이아를 뜻한다. 이 장의 마지막에서 언급되듯이 아파테이아 안에서 영혼의 능력들은 본성에 따라 움직인다(*PT* 86 참조). 현명은 영혼의 각 부분을 올바로 사용하도록 이끄는 덕과 같다(*PT* 88 참조).

'지혜': 89장에 따르면, 지혜는 육체적 존재와 영적 존재의 이유(창조 목적)를 관상할 수 있게 해 주는 덕이다. 따라서 지혜는 그노스티케의 훈련에 연결된다.

'현명': 89장에 따르면, 현명의 역할은 프라티케의 차원에서 적대자들과의 싸움을 지휘하는 것이다. 여기서는 악령의 의에 대항하는 역할을 한다고 말한다. 지혜와 현명의 덕에 대한 개념은 아리스토텔레스의 정의에 부합한다. 그에 따르면, 현명은 주로 행위의 덕, 실천의 덕인 반면 지혜는 원리에 대한 인식과 결부된 관상의 덕이다. 『수도승을 위한 권고』 68장과 비교하면 더 명확해진다(*SC* 171, 661-3 참조).

[209] 74장과 75장은 유사한 형태이며 상호 보완적이다. 『그노스티코스』에도 유사한 장들이 있다: "영지의 유혹은 … 이다"(*GN* 144)와 "영지의 죄는 … 이다"*GN* 145). 『그노스티코스』에 언급된 영지(*gnosis*)가 『프라티코스』의 이 두 장에서는 '수도승'으로 대체되었다. 유혹에 대한 정의는 『케팔라이아 그노스티카』 VI, 53("정신적 악행은 영혼의 욕정부에서 올라오는 악한 생각이다")과 비교하라. 이와 유사하게, 『수도승을 위한 권고』 70장에도 '수행은 유혹에 저항할 줄 아는 것'이라고 명확히 언급된다.

'정신을 어둡게 하다': 유혹(생각)은 관상을 중단시키기에 충분하다.

[210] '동의': 스토아 학파의 용어다. 에바그리우스가 죄에 부여하는 정의는 스토아 학파의 이론과 유사성이 없지 않다. 스토아 학파에 따르면, 표상은 동의를 통해 행위로 이행된다. 생각(*logismos*) 자체가 죄의 원인은 아니다 (*SC* 171, 663-4 참조).

와 영혼을 부끄러운 상상 속에 던져 넣는다.[211]

77. 덕이 악령의 공격을 멈추게 할 수는 없지만, 우리가 무사하도록 지켜 줄 수는 있다.[212]

78. 수행은 영혼의 욕정부를 정화하는 영적 방법이다.[213]

79. 단순한 계명 준수만으로는 영혼의 능력들을 온전히 치유할 수 없다. 정신 안에서 일어나고, 각 계명에 부합하는 관상적 활동으로 보완되어야 한다.[214]▶

80. 천사들이 우리 안에 불어넣은 생각에 저항하는 것은 불가능하다. 그러나 악령들이 불어넣은 생각을 거부하는 것은 가능하다. 전자에는 평화의 상태가 따

---

[211] 프락티케를 실천하는 사람은 적대적 악령들의 공격을 받지만 천사들이 그를 보호한다(*PT* 24 참조). 천사들은 고행하는 사람들 때문에 기뻐하지만, 악령들은 흔들리는 사람들 때문에 기뻐한다.
 '자비와 사랑 … 분노와 증오': 사랑은 아파테이아와 연결되기 때문에 천사들의 덕이다(*PT* 81 참조).
 '영혼을 부끄러운 상상 속에 던져 넣는다': 71장과 같은 표현이다(*SC* 171, 664-5 참조).

[212] 덕을 얻은 사람, 즉 아파테이아에 도달한 사람(*PT* 70 참조)은 유혹을 인지하지만(*PT* 36 참조), 유혹으로 인해 피해를 입지는 않는다(참조: *KG* V, 31; 82).

[213] 이 장은 이 책의 목적인 프락티케를 정의한다(*PT* 1 참조).
 '영혼의 욕정부': 튀모스(*thymos*: 영혼의 욕정)와 에피튀미아(*épithymia*: 육체의 욕정)를 말한다(참조: *PT* 38; 49). 영혼의 이 두 부분을 정화하는 것이 바로 프락티케 고유의 목적이다. 또한 프락티케는 영혼의 이 두 부분에서 유래하는 생각들을 억제하면서 정신을 간접적으로 정화한다. "프락티케의 목적은 정신을 정화하여 생각들을 받아들이지 못하게 하는 것이다"(*GN* 151).

르고, 후자에는 동요의 상태가 따른다.²¹⁵

81. 사랑은 아파테이아의 자손이다. 아파테이아는 수행의 꽃이다. 수행은 계명 준수로 이루어지며 계명의 파수꾼은 하느님을 두려워함인즉, 이는 참된 신앙에서 나온다. 신앙은 일종의 내재적 선으로, 아직 하느님을 믿지 않는 사람들에게도 자연적으로 존재한다.²¹⁶

82. 영혼이 육체를 통해 작용하면서 병든 지체를 감지하듯이, 정신도 그 고유 기능을 수행하면서 자기 능

◂²¹⁴ '치유하다': 아파테이아를 영혼의 건강으로 정의할 때 이 이미지가 사용된다(참조: PT 56; 54장과 55장에도 유사한 표현이 있다). 같은 이미지와 연관되는 에네르게이아(ἐνέργεια)도 의학적 의미로 이해되어야 한다.

'온전히': 완전한 아파테이아에 도달하기 위해서는 단순한 계명 준수만으로는 충분하지 않고 계명에 대한 인식을 획득해야 한다. 전자가 의학적 처방전의 맹목적 실행 같은 것이라면 후자는 치료제에 대한 이론적 인식과 같은 것이다(PT 82 참조). 달리 말하면, 에바그리우스가 50장에서 말했듯이 인식과 수행을 겸비해야 한다. 악령들과 싸울 때도, 밤중에 행해지는 전투에서 그 싸움의 이유들(logoi)을 인식하면서(참조: PT 83; 36) 행해지는 전투로 이행해야 한다.

일어나다(διαδέξωνται): 이 동사는 12장(마지막 문장)과 59장(첫 문장)에도 비슷하게 사용된다(SC 171, 667-8 참조).

²¹⁵ 프라티케의 과정에서 영혼은 악령이 일으킨 악한 생각의 표적이 된다. 그러나 영혼이 정화될 때, 영혼은 천사가 보내는 좋은 생각, 곧 영적 관상(참조: PT 76; 24)을 받는다. 영혼은 악마적 생각은 모두 물리치지만, 천사적 생각은 반대할 수도 없고 방해하지도 않는다. 우리가 맞서 싸워야 할 악한 생각에는 동요가 따르지만, 좋은 생각에는 평화가 따른다.

'평화의 상태 … 동요의 상태': 영의 분별에 대한 고전적 가르침을 담은 『안토니우스의 생애』 35-36장과 비교하라. 천사의 발현은 영혼에 기쁨과 고요를 가져다주지만, 악령의 발현은 영혼을 동요와 혼란 속으로 빠지게 한다는 것이다. '평회의 상대'란 표현은 12장 끝에서도 비슷한 의미로 언급되었고, 57장에서는 아파테이아를 나타내기 위해서 사용되었다. 『기도론』 30장, 74장과 비교해 보라(SC 171, 668-9 참조).

력들을 알게 되고, 자기를 방해하는 것을 통하여 영혼을 치유할 수 있는 계명을 발견한다.[217]

83. 정신은 욕정에 맞서 격렬하게 싸우느라 그 싸움의 이유를 숙고하지 않을 것이다. 정신은 밤에 싸우는 사람과 비슷하다. 그러나 정신이 아파테이아를 획득하면 적들의 술책을 쉽게 알아차리게 될 것이다.[218]▶

---

[216] 이 장을 구성하는 덕의 족보는 머리말 8에서 완성된 형태로 언급되고 에바그리우스의 문체에서 자주 발견되는 구조에 속해 있다(참조: *AM* 3-6; 67-9). 사랑을 앞에 두고, 또 사랑과 아파테이아와의 밀접한 관계를 제시하기 위하여 여기서는 말의 순서가 뒤바뀌어 있다. 에바그리우스는 사랑이 아파테이아의 자손이라고 말한다.

'계명 준수': 나지안주스의 그레고리우스는 "두려움이 있는 곳에 계명 준수가 있고, 계명 준수가 있는 곳에 육신의 정화가 있다"(『담화』 39,8: *PG* 36, 344 A)고 말한다.

'신앙은 일종의 내재적 선': 『케팔라이아 그노스티카』 III, 83에 나오는 이 정의는 알렉산드리아의 클레멘스에게서 유래한다. 에바그리우스도 클레멘스처럼 신앙이 근본적으로 하느님의 존재에 대한 믿음으로 이루어진다고 본다. 이 믿음 때문에 우리는 그분을 두려워한다. 그리고 우리가 그분을 두려워한다면 그분의 계명을 준수하게 된다. 계명 준수를 통해 우리는 프라티케에 전념한다. 프라티케는 아파테이아로 이끌며, 아파테이아에서 사랑이 생겨난다. 이것은 에데사(Edessa)의 위(僞)테오도루스가 자신의 작품에서(『필로칼리아』 I, 아테네 1957, 307 참조) 재설정한 관계 사슬의 자연적 순서다(*SC* 171, 670-1 참조).

[217] '그 고유 기능을 수행하다': 정신이 그 고유의 활동을 수행할 능력을 얻게 되면, 즉 아파테이아에 다가가면, 정신은 영혼의 상태에 관해 진단하여 적합한 치료제를 처방할 수 있다.

'알게 되다': 정화된 정신이 얻게 될 분별력을 나타낸다(참조: *PT* 43; 56; 57; 83).

'영혼을 치유할 수 있는': 관상이 충만하게 실행되어도 여전히 일어나는 영혼의 욕정(*thymos*)과 육체의 욕정(*épithymia*)을 치유하는 능력을 말한다. 치료법에 비유된 계명에 관해서는 54장 끝 부분과 79장을 보라. 치료법의 예는 15장에 나와 있다(*SC* 171, 672-3 참조).

84. 수행의 목표는 사랑이고, 인식의 목표는 신학이다. 수행의 시작은 신앙이고, 인식의 시작은 자연에 대한 관상이다. 영혼의 욕정부를 공격하는 악령은 수행에 반대되고 이성부를 괴롭히는 악령은 온갖 진리의 적이자 관상의 적대자다.²¹⁹

85. 육체를 정화하는 것은 육체가 정화된 후 육체와 함께 남아 있지 않지만, 덕은 다 함께 영혼을 정화하며 정화된 후에도 여전히 영혼 안에 머문다.²²⁰

86. 이성적인 영혼은 자신의 욕망부가 덕을 열망하

◀²¹⁸ 악령과의 전투에는 두 종류가 있다. 하나는 밤에 이루어지는 전투, 다시 말해 적의 술책에 대한 참된 인식 없이 경험적 형태로 이루어지는 전투이고, 다른 하나는 인식과 더불어 분명한 형태로 이루어지는 전투다. 전자는 욕정에 얽매인 사람의 일이고, 후자는 아파테이아를 전제하는데, 그것이 피조물의 존재 이유들(*logoi*)까지 함께 고려하는 영적 관상에 속하기 때문이다. 로고이(*logoi*)의 의미는 50장 각주를 참조하라. 에바그리우스는 같은 의미로 프락티케의 이유들(*logoi*) 혹은 '계명들의 이유들'이란 표현을 사용한다(*SC* 171, 673 참조).

²¹⁹ 이 장에서는 머리말 8에 제시된 구조를 단순화시켜 다시 취한다. 여기서 사용된 용어들은 프락티케와 그노스티케의 이분법적 구분에 따라 재편성되었다. "신앙은 사랑의 계명이다. 그리고 사랑의 목적은 하느님께 대한 인식이다"라고 하는 『수도승을 위한 권고』 3장과 비교하라.

'사랑': 수행의 결과로 얻는 '아파테이아의 자손'이다(*PT* 81 참조).

'신학': 하느님에 대한 학문 혹은 관상. 이것은 자연에 대한 관상(자연학)과 더불어 에바그리우스가 말하는 영적 인식(*gnosis*)을 구성한다(참조: *PT* 머리말 8; *PT* 1).

'수행에 반대되는 악령들': 이 악령들은 여덟 가지 생각을 주관하며(*PT* 60 참조), 특히 수행을 통해서 정화되는(*PT* 78 참조) 영혼의 욕정부(*thymos*의 *épithymia*)를 공격한다.

'이성부': 86장과 89장 참조. 영혼의 이성부와 정신의 관계에 대해서는 *SC* 170, 104-5를 참조하라.

고, 정념부가 덕을 위해 싸우고, 이성부가 피조물의 존재 이유를 인식하게 될 때, 그 본성에 따라 움직인다.[221]

87. 수행에서 진보하는 이는 욕정을 감소시킨다. 관상에서 진보하는 이는 무지를 감소시킨다. 욕정은 언젠가 완전히 괴멸될 날이 오겠지만, 무지에는 끝이 있다고 말하는 이도 있고 없다고 말하는 이도 있다.[222]

---

[220] 덕의 역할은 단순히 수행 과정 중 영혼을 정화하는 데만 기여하는 것이 아니다. 그것은 무엇보다도 덕스러운 상태인 아파테이아에 도달한 후에도 영혼 안에 남아 있다(*PT* 70 참조). 게다가 덕들은 계속 영혼을 지원하며, 악령들의 공격에서 영혼을 보호한다(*PT* 77 참조).

[221] '본성에 따라 움직이다': 에바그리우스는 덕이 본성에 부합하는 활동이라는 플라톤 철학의 개념을 차용하는데, 이 개념은 그리스 교부들 사이에서 널리 유포되었다(『안토니우스의 생애』 20 참조). 현명의 역할은 수행을 주관하고 아파테이아를 향한 길을 닦는 것으로, 이는 '본성에 따라 행동하도록 영혼의 능력들을 강요하는 것'이다(*PT* 73 참조). 영혼의 세 부분은 본성에 따라 행동함으로써 아파테이아에 도달한다. 영혼의 세 부분에 관한 이론은 89장과 *SC* 170, 104 이하를 참조하라. 이 장은 가자의 도로테우스에 의해서 재인용된다(『가르침』 XVII, 176 참조).

[222] '완전히 괴멸': 영혼의 정념부와 욕망부가 온전히 본성에 따라 작용할 때 악령들은 완전하게 괴멸된다(*PT* 86 참조).

'무지': 인식과 마찬가지로 무지도 이중적이다. 에바그리우스는 인식을 피조물에 대한 인식 혹은 자연에 대한 관상($\theta \epsilon \omega \rho \acute{\iota} \alpha\ \varphi \upsilon \sigma \iota \kappa \acute{\eta}$)과 하느님에 대한 인식($\gamma \nu \tilde{\omega} \sigma \iota \varsigma\ \theta \epsilon o \tilde{\upsilon}$) 혹은 신학($\theta \epsilon o \lambda o \gamma \acute{\iota} \alpha$)으로 구분한다(참조: *PT* 1; 2). 피조물에 대한 인식에 반대되는 무지는 아파테이아가 완전해져서 피조물에 대한 인식이 완전해질 때 끝난다. 그러나 하느님에 대한 인식은 무한하며, 하느님이 바로 인식의 대상이다. 따라서 이 인식과 무한한 무지 자체는 상관관계가 있다. 에바그리우스는 이렇게 말한다: "인식에 한계가 있다면 그의 무지에도 한계가 있고, 무지가 무한하다면 그의 인식 또한 무한하다"(*KG* III, 63).

'말하다': 여기서 에바그리우스가 암시하는 주체는 누구인가? 이레네 하우스헤르(I. Hausherr)는 필론과 니사의 그레고리우스, 무엇보다 에바그리우스의 카파도키아 스승들인 바실리우스와 나지안주스의 그레고리우스로 추정한다(*SC* 171, 678-80 참조).

88. 사물들은 어떻게 사용되느냐에 따라 좋을 수도 있고 나쁠 수도 있다. 그것들은 덕과 악의 생산자다. 이 두 목적 중 한 관점에서 사물을 사용하는 것은 현명에 속한다.[223]

89. 우리의 지혜로운 스승에 따르면 이성적 영혼은 세 부분으로 이루어져 있기 때문에 덕이 이성부에 있을 때는 현명·지성·지혜라 부르고, 욕망부에 있을 때는 절제·사랑·극기라 하며, 정념부에 있을 때는 용기와 인내라 부른다. 영혼 전반을 아우를 때는 정의라 부른다. 현명의 역할은 적대 세력에 맞서서 작전을 지휘하고, 덕을 보호하며, 악에 대항하고, 중립적인 것을 상황에 걸맞게 조절하는 것이다. 지성의 역할은 우리가 목표에 도달하도록 우리를 위해 공헌하는 모든 것을 조화롭게 관리하는 것이다. 지혜의 역할은 육적 사물과 영적 사물의 존재 이유를 관상하는 것이다. 절제의 역할은 이치에 반하는 상상을 일으키는 대상을 초연하게 바라보는 것이다. 사랑의 역할은 악령이 그를 타락시키려

---

[223] '사물들': 우리는 영혼의 각 부분에 따라 움직인다. 따라서 사물들은 그 본성에 부합하는 방식으로 사용하는지 여부에 따라 선용될 수도 악용될 수도 있다(*PT* 86 참조). 정념부의 선용과 악용에 관해서는 24장 참조.
　'어떻게 사용하느냐에 따라': 여기서 에바그리우스는, 어떻게 사용하느냐에 따라 좋을 수도 나쁠 수도 있는 중립적 사물에 대한 스토아 학파의 개념을 재수용한다.
　'현명': 영혼의 능력들을 선용하게 하는 것이 현명의 역할이다(*PT* 73 참조). 이 덕의 역할은 다음 장에서 재론된다(*SC* 171, 680-1 참조).

안간힘을 쓸 때도 하느님의 모든 모상에 대해 그 원형原型을 대하듯이 행동하는 것이다. 극기의 역할은 입의 모든 쾌락을 단호히 거절하는 것이다. 원수를 두려워하지 않고 위험 앞에서 용감하고 굳세게 머무는 것은 인내와 용기의 역할이다. 정의의 역할은 영혼의 세 부분 사이에 조화와 일치를 실현하는 것이다.[224]

---

[224] 앞의 장들에서는 아파테이아를 '덕스러운 상태에 있는 것'으로 보고, 영혼의 세 부분이 각 본성에 따라서 움직일 때 실현된다고 했다. 이 장은 아파테이아에 할애된 장들의 정점을 이룬다. 여기서는 덕들을 영혼의 세 부분에 따라 재편하면서 각각을 정의하고 있다. 이로써 에바그리우스는 전통적 이론을 자신의 해석에 적용한다.

'우리의 지혜로운 스승': 에바그리우스가 플라톤이라는 이름 대신 쓴 표현은 실제로 자신의 스승인 나지안주스의 그레고리우스를 가리킨다(KG VI, 51 참조). 에바그리우스는 『그노스티코스』 44장에서 덕에 관한 그레고리우스의 가르침을 분명하게 언급한다. "우리는 의로운 그레고리우스에게서 현명·용기·극기·정의라는 네 가지 덕이 있다는 것을 배웠다." 앞의 텍스트에서 열거된 네 가지 스토아적 덕이 이 장에서 재등장한다.

'현명의 역할': 에바그리우스는 스토아 학파가 받아들인 아리스토텔레스의 개념을 따르면서 무엇보다 현명을 실천적 덕행으로 제시한다(PT 73 참조). 수행은 주로 악령에 맞선 싸움이다. 따라서 그것은 '적대 세력에 맞서서 작전을 지휘하는' 현명에 속한다.

중립적인 것($τὰ\ μέσα$): '좋지도 나쁘지도 않은 것'을 뜻하는 스토아 학파의 용어. 스토아 학파에 따르면, "현명은 나쁜 것과 좋은 것, 그리고 나쁘지도 좋지도 않은 것에 대한 인식이다". 에바그리우스는 Ps. 37,6에서 이 정의를 문자적으로 재수용한다.

'지성과 지혜': 지성은 스토아 학파의 덕의 구조에 영향을 받아 첨가되었을 것이다. 이것은 덕들 중 첫 번째로 언급되는 현명에 연결된다. 지혜는 가장 높은 덕이며 자연에 대한 관상 훈련에 연결된다(PT 73 참조).

절제($σωφροσύνη$): 에바그리우스가 이 단어에 부여하는 의미에 관해서는 17장을 보라.

사랑($ἀγάπη$): 이 덕은 아파테이아의 자손이다(PT 81 참조). 에바그리우스는 절제와 극기($ἐγκράτεια$)에 이 덕을 덧붙인다. 에바그리우스는 통상 사랑을 정념부에 결부시키지만 여기서는 욕망부에 연결시킨다.

90. 씨앗의 산물은 곡식 단이고 덕의 산물은 인식이다. 씨 뿌리는 노고에 눈물이 따르는 것처럼 곡식 단에는 기쁨이 따라온다(시편 126,5-6 참조).[225]

9. 교부들의 금언[226]

91. 올바른 방법으로 우리를 앞서 간 수도승들의 길을 살펴보고, 그것을 참조하면서 우리를 올바르게 인도할 필요가 있다. 그들이 말하거나 행한 아름다운 것을 많이 발견할 수 있기 때문이다. 그 가운데 한 수도승은 이렇게 말하였다. "사랑에 연결된 매우 엄격하고 규칙적인 식이요법은 수도승을 아파테이아의 문으로 더욱 빠르게 인도한다." 그는 밤의 고통에 시달리는 한

☞ '인내': 프락티케에서 인내가 차지하는 위상에 관해서는 머리말 8과 68장을 보라. 인내는 악령들, 특히 아케디아의 악령의 공격에도 불구하고 수도승을 독방 수행에 항구하게 하는 덕이다(PT 28 참조).
'정의': 분배정의(分配正義)에 대한 아리스토텔레스적·스토아적 개념을 에바그리우스는 여기서 플라톤적 개념으로 대체했다. 영혼 전체의 덕인 정의는 덕들의 정점이다. 따라서 정의는 '아파테이아'에 부합하며 인식과 직접적인 관계가 있다(SC 171, 681-9 참조).

[225] '씨앗': 에바그리우스는 스토아 학파에 따라 덕을 자연의 씨앗에 동화시킨다(PT 57 참조). 이 장은 결론이 분명하지 않은 추론에 의존하고 있다. 수행은 눈물을 수반하지만 인식은 기쁨을 수반한다는 것이다. 이런 결론은 이 책의 결론이기도 하다. 이 결론은 영지적 삶의 기쁨에 관한 전망을 통해서 수행의 고통을 정당화한다(SC 171, 690-1 참조).

[226] 이 마지막 열 개의 장은 『사막 교부들의 금언집』에서 가려 뽑은 작은 모음집이다. 에바그리우스는 자신의 가르침이 수도승 전통으로부터 왔음을 확증하기 위하여, 즉 자기 가르침에 권위와 정통성을 부여하기 위하여 교부들의 금언을 여기에 덧붙였다(SC 170, 119-20 참조).

형제에게, 단식과 아울러 환자 봉사도 하라고 명령하여 그를 환영에서 해방시켜 주었다. 이유를 묻자 그는 이렇게 대답했다. "자비 말고는 아무것도 이런 유의 욕정을 제거할 수 없기 때문이다."[227]

92. 한 철학자가 의로운 안토니우스에게 와서 물었다. "오 사부님, 책의 위로가 없는데 어떻게 견디십니까?" 안토니우스가 대답했다. "철학자여, 나의 책은 피조물의 본성이오. 내가 하느님의 말씀을 읽고 싶을 때, 책은 거기에 있소."[228]

93. "(주님이) 선택한 그릇"(사도 9,15) 이집트인 원로 마카리우스가 나에게 물었다. "우리는 사람에 대한 나쁜 기억을 간직하면서 영혼의 기억력을 사라지게 하는

---

[227] '그들이 말하거나 행한 아름다운 것': 원로들의 언행은 '아포프테그마타'의 전통적 자료를 구성한다.
'매우 엄격하고 규칙적인 식이요법': 물을 적게 마시라는 권고(*PT* 17 참조)와 늘 동일한 극기를 행하라는 권고(*PT* 29 참조)를 참조하라. 38장에서 처음 극기와 사랑을 통해 아파테이아로 향하게 하는 수단들이 요약된다.
'자비': 정념부에서 발생하는 문제에 대한 치료제다(참조: *PT* 15; 20). 정념부의 동요가 야기하는 밤의 환상과 악몽에 대해서는 11장과 12장을 참조하라(*SC* 171, 692-5 참조).

[228] 이 금언은 『안토니우스의 생애』 72-80장과 비교된다. 안토니우스를 보러 사막으로 온 철학자들과 안토니우스가 나눈 대화가 거기 나온다. 그러나 이 장에서 언급하는 내용은 발견되지 않는다.
'책의 위로': 『안토니우스의 생애』는 안토니우스가 글을 배우지 않았다고 증언한다.
'피조물의 본성': 책을 통해 시혜를 추구하는 이교 학문에 반대된다. 에바그리우스는 이것을 영적 관상이라 부른다. 그 대상은 피조물에서 분별할 수 있는 하느님의 지혜다(*KG* I, 14 참조). 이 장은 『사막 교부들의 금언집』에 인용된다(*SC* 171, 695-6 참조).

데, 왜 악령에 대한 나쁜 기억을 간직하면서는 무사합니까?" 나는 대답하기 힘들어서 그에게 이유를 알려 달라고 청하였다. 그는 이렇게 말했다. "첫째 경우는 정념부의 본성에 반하는 반면, 둘째 경우는 그 본성을 따르기 때문이오."[229]

94. 한낮에 나는 거룩한 사부 마카리우스를 방문했다. 나는 심한 갈증으로 목이 타서 마실 물을 청하였다. 그는 이렇게 말했다. "그늘로 만족하시오. 지금 많은 사람이 물 없이 걷거나 항해 중이오." 내가 극기에 관해 논하자 그가 나에게 말했다. "아들이여, 용기를 가지시오. 나는 꼬박 20년 동안 빵도 물도 잠도 충분히 취하지 않았소. 사실 내가 먹은 빵을 달아 보았고, 내

---

[229] '선택한 그릇': 주님께서 바오로 사도에게 부여한 명칭이다(사도 9,15 참조). 에바그리우스는 그가 가장 위대한 교사라고 생각한 사람들에게 이 명칭을 사용했다. 특히 그는 『프라티코스』에서 자신이 영적 삶의 모델로 여겼던 대(大)마카리우스를 언급하기 위해 이 표현을 사용했다(J. DRISCOLL, The 'Ad Monachos' of Evagrius Ponticus, 246 참조).

'이집트인 원로 마카리우스': 에바그리우스가 29장에서 언급한 이집트인이라고 불린 마카리우스를 말하는데, 그는 스케티스에서 최초로 수도승 생활을 시작한 인물이다. 그와 에바그리우스의 관계에 대해서는 SC 170, 25를 참조하라.

'기억력': 정신은 정념부의 동요로 혼미해진다(참조: PT 23; KG III, 90; VI, 63). 하느님에 대한 기억과 정념부의 자세와의 관계에 대해서는 86장과 『케팔라이아 그노스티카』 IV, 73("정신이 언제나 주님께 있고, 정념부가 하느님께 대한 기억의 결과로서 겸손으로 충만하며, 욕망부가 전적으로 주님께 기울어져 있는 사람은 우리 육체 밖에서 돌아다니는 적들을 두려워하지 않는다")을 참조하라.

'본성을 거슬러 … 본성에 따라': 악령들을 거슬러 싸우는 것은 정념부의 본성에 따른 것이다(참조: PT 24; 42; 73).

가 마신 물을 재 보았으며, 등을 벽에 기대어 선잠을 피하였소."[230]

95. 한 수도승이 자기 부친의 부음을 전해 준 사람에게 이렇게 말했다. "그런 불경스런 말을 하지 마시오. 내 아버지는 영원히 살아 계시오."[231]

96. 어떤 형제가 한 원로에게, 자기 집을 방문할 경

---

[230] 나는 방문했다(παραβάλλειν): 이 동사는 『사막 교부들의 금언집』의 안토니우스 17.19.34와 아르세니우스 7.25 등에서 흔히 사용된다. 이 모든 경우에 이 동사는 여기서와 같이 문장의 첫머리에 나온다.

'거룩한 사부 마카리우스': 앞서 언급된 이집트인 마카리우스가 아니라, 켈리아 사막의 사제였던 알렉산드리아의 마카리우스일 수 있다. 에바그리우스는 『안티레티코스』에서도 이 인물에 같은 표현을 쓴다(참조: 『안티레티코스』 IV, 23.58; VIII, 26).

'나는 … 논했다': 에바그리우스의 인격을 잘 드러내는 표현이다. 에바그리우스는 바로 이런 태도 때문에 수도승적 환경에서 자주 질책을 받았다. 에바그리우스가 마카리우스의 처신에 반대하자 마카리우스는 자신을 예로 들어 훈계한다. 이런 식의 가르침은 아포프테그마타(Apophthegmata) 전통에서 자주 나타난다.

'아들이여': 394년 100세를 일기로 죽은 마카리우스는 에바그리우스보다 약 50세 위였다.

'빵도 물도 잠도 …': 팔라디우스는 알렉산드리아의 마카리우스가 행한 특별한 금욕에 대해 이렇게 말한다. "그는 112~140그램의 빵을 먹었고, 물을 많이 마시지 않았으며, 잠을 극복하려고 노력했다"(HL 18). 에바그리우스는 이 가르침을 받아들여, "너의 빵을 저울로 달고 네가 마시는 물을 측정하여라"(AM 102)고 말한다(참조: PT 16; 17). 이 표현은 에제 4,16에서 유래하는 것 같다.

'피하였다': 아르세니우스는 밤샘 기도한 후 이렇게 말했다. "나는 선잠을 피하였다"(AP, 아르세니우스 14).

[231] 팔라디우스는 이 수도승이 에바그리우스라고 하지만, 정작 여기서 에바그리우스는 마치 남 말 하듯 이야기한다. 그러나 이것은 에바그리우스를 뜻하는 폰투스 출신의 한 수도승에 대한 요한 카시아누스의 증언과 일치한다(『제도서』 V, 32 참조). 요한 카시아누스는 그 수도승이 가족의 편지를 받았지만, 읽지 않고 찢어 버렸다고 전한다(SC 171, 701-2 참조).

우 어머니와 자매들과 함께 식사해도 좋은지 물었다. 원로가 대답했다. "여자와 함께 식사하지 마시오."[232]

97. 어떤 형제는 복음서 하나만을 소유했다. 그는 이것을 팔아 그 돈을 가난한 이들에게 내주면서 의미심장한 말을 했다. "나는 '너의 재산을 팔아 가난한 이들에게 주어라'(마태 19,21)라고 나에게 말한 바로 그 책을 팔았소."[233]

98. 알렉산드리아 인근, '마리아'라는 호수 북단의 섬에 신비가들 중 가장 경험 있는 한 수도승이 살고 있었다. 그는 수도승의 모든 활동이 하느님·본성·습관·필요·손노동, 이 다섯 이유 때문에 행해진다고 선언했다. 또 덕은 본성상 하나지만, 그것은 영혼의 개별적 능력 안에서 각각 특별한 형태를 취한다고 말했다. 그에 따르면, "햇빛은 형체가 없지만, 그것이 들어오는 창문을 통해 자연스럽게 형체가 생긴다".[234]

99. 또 어떤 수도승이 말했다. "내가 쾌락을 끊어 버리는 것은 정념부의 온갖 구실을 없애기 위해서다. 나는 정념부가 항상 쾌락을 위해 싸운다는 것과 내 정신

---

[232] 여성에 대한 이러한 태도는 『사막 교부들의 금언집』에서 자주 발견된다(참조: *AP*, 시소에스 3, 마카리우스 3, 포이멘 76).

[233] 이 장은 '작은 복음서'의 역사'에 대해 현존하는 가장 오래된 증거다. 에바그리우스의 이 텍스트는 『라우수스의 역사』 116장과 비교되며 『사막 교부들의 금언집』에도 나온다(*SC* 171, 704-5 참조).

을 혼란시키고 인식을 쫓아버린다는 것을 안다." 사랑
은 음식이나 금고를 지키는 법을 모른다고 말한 원로
가 있다. 그는 이런 말도 했다. "나는 같은 문제로 두
번씩이나 악령들에게 속았다는 것을 모른다."[235]

100. 모든 형제를 똑같이 사랑할 수는 없다. 그러나
원한과 증오에서 자유로워져 모두를 초연하게 만날 수

---

[234] '하나의 섬': 고대 알렉산드리아 남동쪽에 마리아(Maria) 혹은 마레오티스(Maréotis)라는 호수가 있었다. 이 호수에는 여덟 개의 섬이 있었는데, 그중 네 개는 지금도 남아 있다. 팔라디우스는 알렉산드리아에서 니트리아로 가기 위해 건넜던 마리아 호수에 대해 언급하지만(HL 7 참조), 그 섬들에 있는 수도승의 거주지에 대해서는 언급하지 않았다.

'가장 경험 있는 수도승': 악령과의 싸움에서 많은 경험을 쌓은 노련한 금욕가를 뜻한다(PT 28 참조). '신비가들 중 가장 경험 있는 수도승'이란 표현은 탁월한 금욕가가 된 수도승에게만 적합한 표현이다. 우리는 그를 장님 디디무스(Didymus)로 추정한다. 에바그리우스는 그를 '위대하고 신비적인 작가'라고 부른다(GN 150 참조). 우리는 디디무스가 수도승이었다는 것과, 알렉산드리아 부근의 한 암자에서 연구와 손노동에 전념하며 생활했다는 것을 알고 있다(HL 4 참조). 디디무스는 에바그리우스가 죽기 일 년 전인 398년에 사망했다. 그래서 에바그리우스는 디디무스가 여전히 생존해 있는 듯 묘사할 수 있었다. 팔라디우스가 켈리아에서 10년을 보내는 동안 에바그리우스는 디디무스를 네 번 방문했다. 우리는 『이집트 수도승들의 역사』를 통해 에바그리우스가 자주 알렉산드리아로 갔다는 사실을 알고 있다. 에바그리우스가 디디무스와 개인적 친분을 맺고 있었음은 의심의 여지가 없다.

'덕은 본성상 하나': 알렉산드리아의 필론이 받아들인 스토아 학파의 가르침이다. 필론에 따르면, 덕의 종류는 하나지만 여러 측면으로 나뉜다. 영혼의 세 가지 능력에 따라 덕에 부여하는 다양한 이름에 관해서는 89장을 참조하라(SC 171, 706-9 참조).

[235] 이 장에서는 익명의 금언 세 개가 나온다. 첫째 것은 에바그리우스에게 친숙한 가르침으로, 정념무는 쾌락을 위해서 싸운다는 것이다(PT 24 참조). 그것은 정신을 혼란시키고 관상을 방해한다(PT 24 끝 부분 참조). 『사막 교부들의 금언집』에도 나오는 금언이다(AP IV, 14 참조).

'사랑': 사랑과 재물은 공존이 불가능하다(PT 18 참조).

는 있다. 우리는 주님 다음으로 사제들을 사랑해야 한다. 그들은 거룩한 신비로써 우리를 정화하고 우리를 위하여 기도한다. 우리는 원로들을 천사처럼 공경해야 한다. 전투를 위하여 우리에게 기름을 바르고 들짐승에게 물린 상처를 치유하는 이가 바로 그들이기 때문이다.[236]

---

[236] 이 마지막 장은 수행의 목표가 사랑(PT 84 참조)임을 구체적으로 정의하고, 수도승이 그를 인도하는 사람들, 즉 사제와 원로들에 대해 가져야 할 감정이 무엇보다 사랑임을 강조하는 것으로 끝맺는다. 아파테이아와 사랑의 관계에 관해서는 81장 참조.

'거룩한 신비': 성체성사. 켈리아의 수도승들은 니트리아와 스케티스의 수도승들처럼 토요일과 주일에 함께 모여 전례를 거행했다. 에바그리우스는 켈리아의 사제 알렉산드리아의 마카리우스(PT 94 참조)를 잘 알고 있었다. 그는 『여러 악한 생각에 관하여』 27장에 언급된 '그 거룩한 사제'였을 것이다. 다소 자유로운 독수도승들 사이에서도 사제는 권위가 있었던 것 같다.

'천사처럼': 영적 인식을 얻은 사람은 다른 사람들에 대해서 천사의 직무를 수행하며, 영적 투쟁에서 그들을 지원한다(KG VI, 90 참조). 악령과 맞서는 싸움에서 천사의 역할을 보려면 24장을 참조하라.

'들짐승': 성경에서 유래하는 증언에 따르면 이들은 악령을 의미한다(SC 171, 711-3 참조).

III. 맺음말[237]

친애하는 형제 아나톨리우스여, 이것이 지금 수행에 관하여 내가 그대에게 말하고자 하는 바입니다. 이것이 곧 익어 가는 포도나무에서 성령의 은총을 통하여 우리가 수확한 전부입니다. 그러나 '정의의 태양'(말라 3,20)이 우리 위에 강렬히 빛나고 그 포도송이가 익을 때쯤, 나를 심은 의로운 그레고리우스와 지금 나에게 물을 주는 거룩한 교부들의 기도와 중재를 통하여, 그리고 나를 자라게 하시는 우리 주 예수 그리스도의 권능(1코린 3,6-7 참조)을 통하여, 우리는 "인간의 마음을 즐겁게 하는"(시편 104,15) 포도주를 마시게 될 것입니다. 그분께 영광과 주권이 세세 영원히. 아멘(참조: 1베드 4,11; 묵시 1,6).[238]

---

[237] 아나톨리우스에게 보낸 편지의 끝 부분이다.

[238] '포도나무': 에바그리우스는 성경에서 유래하는 포도나무의 비유를 유사한 형태로 거듭 사용한다.

'정의의 태양': 말라 3,20에서 취하여 에바그리우스가 자주 사용하는 표현으로, 그리스도를 나타낸다. 무지는 밤에 비유되며, 악을 상징하는 땅이 태양 빛을 차단함으로써 생긴다. 수행의 효과로 악이 사라질 때 악은 더 이상 '정의의 태양'이 발하는 광선을 방해하지 못한다.

'포도가 익을 것이다': 우리가 아파테이아를 얻게 될 것이라는 뜻이다. 아파테이아 덕분에 우리는 인식의 포도주를 마실 수 있다. 인식의 포도주에 관해서는 『케팔라이아 그노스티카』 V, 32를 참조히리. 이 포도주는 인간의 마음을 기쁘게 한다. 인식은 기쁨을 수반하기 때문이다(*PT* 90 참조).

'의로운 그레고리우스의 기도와 중재를 통하여': 그레고리우스가 이 무렵에는 이미 죽었음을 짐작하게 하는 표현이다. 에바그리우스와 스승 나지안주스의 그레고리우스의 관계에 대해서는 89장과 *SC* 170, 22를 참조하라. 에바그리우스는 『그노스티코스』 146장에서 그를 '의로운 그레고리우스'라고도 부른다.

'나를 심었고 … 나에게 물을 주었고 … 나를 자라게 한': 1코린 3,6의 구절인데, 에바그리우스도 같은 동사들을 사용한다.

'거룩한 교부들': 사막의 수도승들. 에바그리우스는 이 책 마지막 열 개의 장에서 그들에 대해 이야기한다(*SC* 171, 713-5 참조).

참고문헌

뤼시앵 레뇨 『사막 교부, 이렇게 살았다』 허성석 옮김, 분도출판사 2006.

성 아타나시오 『사막의 성인: 안또니오』 최익철 옮김, 크리스챤출판사 1986.

알렉산드리아의 아타나시우스 · 안토니우스 『사막의 안토니우스』 허성석 옮김, 분도출판사 2015.

앙뚜앙 귀오몽 「켈리아 수도승들의 이야기」 허성석 옮김 『코이노니아』 30, 한국 베네딕도회 수도자 모임 2005, 7-21.

에바그리우스/요한 카시아누스 『스승님, 기도란 무엇입니까?』 허성준 옮김, 생활성서사 2007.

에바그리우스 폰티쿠스 『안티레티코스』 허성석 옮김, 분도출판사 2014.

―「수도승들에게」 허성석 역주 『코이노니아』 29, 한국 베네딕도회 수도자 모임 2004, 182-208.

―「그노스티코스」 허성석 역주 『코이노니아』 31, 한국 베네딕도회 수도자 모임 2006, 171-204.

―「동정녀에게 준 권고」 허성석 역주 『코이노니아』 32, 한국 베네딕도회 수도자 모임 2007, 141-51.

펠라지오와 요한 『사막 교부들의 금언집』 요한 실비아 역, 분도출판사 1988.

허성석 엮음 『수도 영성의 기원』 분도출판사 2015, 129-51.

ÉVAGRE le Pontique, *Traité Pratique ou le Moine* I, Intro. Antoine Guillaumont et Claire Guillaumont, Sources Chrétiennes 170, Paris: Cerf 1971.

―, *Traité Pratique ou le Moine* II, Trad., Comment., Tables, Antoine Guillaumont et Claire Guillaumont, Sources Chrétiennes 171, Paris: Cerf 1971.

EVAGRIO Pontico, *Per conoscere lui*, Int., Trad., Not., Paolo Bettiolo, Edizioni Qiqajon 1996.

EVAGRIUS Ponticus, *The Praktikos/Chapters on Prayer*, Trad., Intro., Notes, John Eudes Bamberger, Cistercian Studies Series 4, Massachusetts/Spencer 1970.

Évagre le Pontique, *Le Gnostique*, Trad., Comment., Tables, Antoine Guillaumont et Claire Guillaumont, Sources Chrétiennes 356, Paris: Cerf 1989.

W. FRANKENBERG, *Evagrius Pontikos*, Berlin 1912.

H. GRESSMANN, *Nonnen- und Mönchsspiegel des Evagrios Pontikos*, Leipzig 1913.

H.G. EVELYN WHITE, *The Monasteries of the Wadi'n Natrû*, Part II: *The History of the Monasteries of Nitria and of Scetis*, New York 1932.

J. MUYLDERMANS, *Evagriana Syriaca*, Louvain 1952.

Jeremy DRISCOLL, *The 'Ad Monachos' of Evagrius Ponticus*, Studia Anselmiana 104: Roma 1991, 5-18.

NICODEMO AGHIORITA e MACARIO DI CORINTO, *La Filocalia* I, Trad., Intro., Note, M. Benedetta Artioli e M. Francesca Lovato, Milano 1982.

PALLADIO, *La Storia Lausiaca*, Intro. C. Mohrmann, Trad. M. Barchiesi, Testo critico e commento G.J.M. Bartelink, Fondazione Lorenzo Valla 1990, 193-203.

The Concise Oxford Dictionary of the Christian Church, ed. Elizabeth A. LIVINGSTONE, Oxford University Press 1977.

Vita e detti dei padri del deserto, ed. Luciana MORTARI, Roma: Città Nuova Editrice 1996.